吉林大学哲学社会科学学术文库

语言变异
建构社会身份

Language Variation Establishing
Social Identity

张 焱 ◎ 著

社会科学文献出版社
SOCIAL SCIENCES ACADEMIC PRESS (CHINA)

| 摘　要 |

　　语言学的"社会决定论"一直把社会看成语言和社会之间关系的决定因素，这个观点违反了辩证法。为了证明语言对社会具有决定作用，本文以"文革英语"对高校英语教师身份的建构为例，论述了语言变异的社会建构功能。

　　"文革英语"是高校英语教师为挽救自己命运而有意识创造出来的语言变异现象，它产生的背景是"文化大革命"。"文革"爆发之前，由于新中国对外交往不断扩大，对英语人才的需求日益增加，英语教师的身份也很受重视。"文革"爆发之后，由于对知识分子的排斥，加上知识分子的自卑心态和封建"血统论"的提出，高校英语教师的身份一落千丈，成为饱受排挤和打击的对象。为了拯救自己的命运、在"文革"运动中求得生存，高校英语教师在屈服于当时政治形势的压力之后，依照"文革语言"的形式创造了"文革英语"，旨在通过语言表现来建构自己的革命身份。

　　"文革英语"的语言策略包括两个方面：语言内容的政治化和语言层次的大众化。语言内容的政治化主要是指语言的词汇、语句、段落和语篇等内容里都反映了大量的"文革"政治内容；语言层次的大众化主要是指语言难度的降低，更容易被多数人接受和理解。在这个语言策略的指导下，"文革英语"通过在词汇、语句、语调和语篇等方面实施的一系列语言变异，实施了对自己身份的重新建构。从具体的变异内容上看，词汇方面的语言变异主要包括生僻词演变为常用词、"弱势意相"变为"强势意相"、新意相的强制生成和造词功能的政治性延伸等方法。语句方面的语言变异情况主要有政治语句充斥和大量中式英语语句的出现。语调变异集中于感叹句和口号两种形式。语篇变异则主要体现在段落和篇章的变异。

在对高校英语教师的身份进行建构的过程中,"文革英语"分别对身份的几个方面如政治形象、阶级立场和思想觉悟等进行了建构。在对政治形象的建构中,高校英语教师通过把"文革语言"中的大量政治词汇翻译成英语和使用大量符合当时政治要求的语句,使自己成为一个满口政治话语的人,其政治形象因此得以建构;通过在英语词汇和语句中使用大量与"红五类"等有关的内容,高校英语教师表明了自己的阶级立场;通过对课文内容的部分删改和整篇更换,高校英语教师建构了自己的思想觉悟。词汇和语句在对政治形象和阶级立场的建构中起到了重要作用,而语篇的变异由于经历时间长和思维过程深刻对思想觉悟的建构起到了重大作用。

"文革英语"对高校英语教师身份的建构证明了语言变异具有建构社会的功能,因此语言在语言和社会之间的关系中的决定作用得到验证。这个结果不仅完善了语言和社会之间的辩证分析,还为身份建构功能在社会中的运用提供了思路。语言变异的身份建构功能可以在遵从语言民主化策略和语言技术化手段两个方面得到运用。

语言民主化策略强调多种身份的建构,其核心观念为语言价值中立,具体体现为各种语言均享有社会中的平等话语权。语言民主化策略鼓励各种语言都有自己的使用空间和平等地被使用的权利,强调在语言民主化的过程中避免因语言霸权而形成的偏向性身份建构和因语言奢化而形成的单一性身份建构。语言技术化强调语言调节,它主要通过对人与人之间、人与群体之间、群体与群体之间关系的调节来缓解或者化解社会矛盾。在化解社会矛盾的过程中,语言调节的主要对象是语言对抗和语言暴力。

通过发挥语言的社会建构功能来促进社会和谐,既要做到发挥该功能的正态效应,又要通过避免无中生有、断章取义和偷梁换柱等障碍性操作来减低其负面效应。语言变异现象通过上述两种方式实施其社会建构功能,可以达到化解社会矛盾,促进社会和谐。

本文通过论证语言变异的社会身份建构功能,完善了语言和社会之间关系的辩证分析，实现了语言学和社会学之间跨学科研究的突破。对"文革英语"的研究，既填补了英语发展历史上"文革"这段时间的空白，又为语言变异研究发现了新的资料和素材。对高校英语教师身份的建构研究，既反映了"文革"期间高校英语教师这个特殊群体的处境，又探讨了他们为拯救命运而采取的绝无仅有的身份建构途径。在身份建构研究中，丰富了社会学有关建构理论在身份建构方面的事例，从微观的语言角度补充了社会学对建构论的宏观论述。

Abstract

A linguistic viewpoint which is against the dialectics has considered society the determinative part in the relationship between language and society. And to certify the determinative function of language over society, the author argued the identity establishing function by taking the example of "Wenge" English, which means the English taught at colleges during the cultural revolution.

With its background of the cultural revolution, the "Wenge" English was created by the college teachers in the aim of rescuing their falling identity and fate. Right after the founding of PRC, the identity of college teachers was to a certain extent high in the China Society, while after the broke – out of the cultural revolution it fell abruptly. Due to the inner consentment of Chairman Mao towards the intellectuals, and together with the born discrimination in their mind, college English teachers were violently attacked and persecuted, and their major job, the English teaching, helped the persecution.

In order to get recognized by the society and rejoin the revolution, the college English teachers had to give in to the political climax and try to seek ways to avoid the fatal shadow. By the imitation of the Chinese language spoken during the cultural revolution, a brand new style of English— "Wenge" English was established, whose aim was to show to the around that the college teachers were becoming revolutionary.

"Wenge" English had a two – part strategy: political content and popular level. The former refers to a political reflection of vocabulary, syntax, intonation and text; while the latter means to lower the grammatical level so as to get accepted by the maximum popularity. According to this strategy, the establishment of their identity got undergoing with respect to the construction of political image, class stand and mental consciousness.

The construction of political image contains the translation of many political Chinese words and sentences into English, by speaking this style of English, they presented themselves to the society a image of being very political, their image was therefore established. Their class stand was established by employing words and sentences mainly refer to those concerning workers, peasants, soldiers, whom were considered belong to the most revolutionary class. A mental consciousness was established by a course of political texts selection and edition.

The above - mentioned establishment certified that language does hold a function of constructing social identity, the conclusion fulfills the dialectical analysis of the relationship between language and society, besides, the ways of the application of the function are also presented. The first way to apply this function is called language democracy, which means the allowance of various language to share the right of its social existence; the other one is called language technology, which means the language adjustment in interpersonal or inter - social communications.

Social identity construction has supplemented the study of language variation in Linguistics and the theory of social construction in sociology. It not only represented the situation of the college English teachers in the cultural revolution, but also explored their way of inventing the Cultural Revolution English. The case study has exemplified the function of social identity construction, and the corresponding application will make a contribution to the development of both linguistic and social research.

| 序 |

2012年吉林大学征集"吉林大学哲学社会学文库"书稿,我的博士论文《语言变异与社会身份建构》有幸中选。评委们在对我的论文欣赏之余提出了几条意见,除了要求把论文题目改成本书的题目之外,还就论文的内容提出了一些问题,多数集中在以下几个方面:

为什么把语言现象的研究集中在语言变异上?

怎么会想到要把文革时期的英语教学作为例证背景?

语言变异建构身份这种功能的研究会不会给投机取巧的人提供骗人的语言策略?

因为有了博士论文的研究基础,我这几年的研究方向始终围绕着"语言变异"这个主题。在进一步丰富了语言学方面有关理论知识的同时,我对语言变异的社会应用也有了比较深入和系统的探究。在这个过程中,我逐渐发现语言变异这个语言现象确实在社会实践中具有很好的实际用途。如果能够把这个现象运用好,就既可以构建自身的社会形象,又可以达到某种社会生活的目的。因此当我被告知可以把博士论文出版成书的时候,非常兴奋,因为我终于有继续研究"语言变异"和"身份建构"这两个核心问题的机会了。虽然我的博士论文对两者关系的探讨有了一定的进展,但是"语言变异"的"身份建构"功能始终是我思考的主要兴趣,而且一直有写一本关于这方面书的愿望。所以当我被告知这个愿望可以实现的时候,马上就有大量关于这两个术语的辨思内容如泉涌般占据了我的整个思维,并很快促使我给这本书选定了题目——语言变异建构社会身份。

谈到"为什么要把对语言现象的探讨集中在语言变异上"这一问题,

我认为应该从语言学的实际应用方面谈起。这些年，由于一些学术带头人的执著，高校外语学术界中掀起的语言学热一直在持续着。很多中青年外语教师为了自身学术地位的提升，不得不放弃外语实践教学，转而把大量的业余时间投入到对语言学的研究上来。1995年我在吉林大学研究生院攻读语言学与外国语言学硕士学位，开始接触语言学，到今天已经有将近20年的历史。这期间和我一样把大量心血投入语言学研究的几乎覆盖了所有高校英语教师。我在与很多高校同行交流语言学的研究心得时，大家都表达了一个令所有人震惊的疑惑：语言学究竟有什么作用？这个问题在当时没有人能够回答，甚至到了语言学很火热的今天，也没有哪个学者能够拿出一个令人信服的解释来。

2006年我进入吉林大学哲学社会学院攻读博士学位，在研究过程中发现当时在社会学界出现了一个全新的理念——社会学的语言学转向。中国社会学界的代表人物，原吉林大学社会学系博士生导师刘少杰教授就这个问题专门发表过文章，其主要内容就是探讨语言和社会的关系问题。

就语言和社会的关系而言，社会学界和语言学界有一个近乎一致的说法：语言是一种社会现象，它起源于人类社会的劳动，与人类社会有着密切的联系。社会语言学认为语言与社会的关系是双向的，两者之间互相影响、互相作用并引起互相变化。社会是第一性的，语言随着人类社会的形成而产生，并随着社会的变化而发展，社会的发展是语言发展的基础，同时语言的变化也折射出社会的变革和进步。

这个说法展开来讲，可以分为两个层次：其一，社会发展和进步推动语言的发展，语言是社会历史的产物，社会发展是语言发展的基本条件和强大动力。社会的政治、经济、文化等方面的不断进步对于语言的发展起着巨大的推动作用。语言的变化发展和社会发展息息相关。社会的发展促使语言在语音、语法、词汇等方面发生巨大变化。其二，语言的变化和发展反映着社会的变革。语言是一面折射镜，真实地反映出同时代的社会状况。任何一个特定时间和空间的一个特定社会中的一切，都会确切地反映到这个社会所使用的语言中，即语言反映了社会的一切现象和一切活动。

马克思和恩格斯在论述语言和社会的关系时曾经指出："依靠言语相互交往的一群人，叫做一个言语社团。所谓人类高级活动——我们人类特有的高级活动——全部来自人与人之间的密切协作,这协作我们称之为社会,而这协作却是以语言为基础,所以言语社群是社会集团中最重要的一种。"① 从这里我们可以看出,语言是交往的最重要的媒介,社会是交往的产物,语言和社会有着密切的关系。正因为有了语言,人类才成为一个整体,才有了人类社会。

系统功能语法学派的主要代表韩礼德在其著作《语言的系统和功能》(1976)中明确指出:"语言不仅仅是简单地体现社会系统,两者之间存在着一种更为复杂的自然辩证关系——语言能动地标志着社会系统,在被社会系统创造的同时也创造了社会系统。使用语言是一项社会活动,语言根据社会的需要在其功能和结构方面得到发展,并反映了这种社会需要。"近年来,韩礼德一直致力于把自己语言学思想的各个方面归聚成一体,冠以"语言作为社会符号"(language as social semiotic)的标题,并在这个标题下对语言进行深入研究。

《学术论坛》杂志在2007年8月刊登了《试论语言与社会的共变》一文,指出"只有在社会劳动中才能产生语言"。语言是一种社会现象,是对人类社会生活的反映。并且,同社会一样,语言时刻都处在变动和变化之中,并随着社会生活的变化而变化。语言只有极力适应社会变化和变革的需要,才能具有生命力。语言和社会相互影响,相互作用,互相制约并引起互相变化,而这也正是社会语言学这门年轻的边缘学科所要探究的命题,即"语言和社会结构的共变"。从社会语言学的研究领域我们可以看出:"社会总是第一性的,社会的发展导致了语言的变化;反过来,语言的变异又折射出社会的变迁。"

引证上面列举的学界普遍认识和名家论断的目的,就是要说明一点:语言既然和社会有着这样密切的关系,那么它肯定会在社会中起到很大的作用。那么,这种作用是什么呢?

在论证语言和社会之间关系的过程中,人们反复提到的两个概念是"社会变化"和"语言变异"。而我们从语言的角度来论证这种关系时,则会更加强调"语言变异"。因为"语言变异"既是社会变化所产生的

---

① 《马克思恩格斯选集》第一卷,人民出版社,1972,第45页。

"果"，又是反映和折射社会变迁的"因"。语言变异产生于社会变化现实之后，作用于影响社会变迁趋势之前。在社会变化—语言变异—社会变化这个循环过程中，语言变异起了承前启后的衔接作用。由此我们可以看到，语言变异是探究社会和语言之间关系的最敏感、最直观的因素。把握了语言变异现象，就等于把握了社会变化的脉搏以及语言作用于社会的钥匙和密码，就有可能找到语言学在社会中发生的实际功用。这就是我把对语言现象的探讨集中在语言变异上的原因。

语言在社会生活中固然有着不可或缺的作用，但是语言在社会生活中起到生杀予夺、性命攸关的作用的时代却很少。我在研究语言和社会关系的过程中，曾竭力地在历史积淀中搜寻语言对社会生活产生重要影响的年代，力图以此佐证语言和社会关系中也有"社会决定论"失灵的阶段。最后进入我选择空间的时代有两个：清代康熙年间的"文字狱"和中华人民共和国成立后的"文化大革命"时期。

"文字狱"和"文化大革命"都是语言决定人们性命的时代，但是"文字狱"是因言获罪，说错了或者写错了就要杀头；而"文化大革命"却鼓励大鸣大放、大字报大辩论，要求人们竭尽溢美之词来表"忠心"，少说或者不说就要惹祸上身。所以"文革"期间出现的语言变异材料就多得难以计数。加之"文革"时期在年代上距今很近，很多经历了当时情况的人还健在，对收集一手材料十分有利，因此我就把"文革"时期的英语教学作为例证背景了。

在撰写博士论文的过程中，"语言变异建构身份这种功能的研究会不会给投机取巧的人提供骗人的语言策略"这种担心也不时出现在我的思考过程当中。的确，作为一种语言的实践途径，语言变异的利用可以为我们建构社会形象和身份，为我们的语言研究和社会交往提供良好的技巧和手段。但是这个途径一旦为不法之徒获得，成为其欺瞒社会、招摇撞骗的伎俩也不失其可能。但是，作为一种学术研究，揭示语言变异的社会身份建构功能的目的，是对一种客观存在的真理的认识。我们能够做到的，就是把这个发现贡献给社会，让更多的人认识它、利用它，通过人的不断进步来推动社会的不断进步。

爱因斯坦贡献给人类相对论的时候，并没有预见到这个理论会导致人类的灾难；达尔文写出《物种起源》一书时，也没想到会给很多人对上帝的信仰带来危机。但是历史证明，今天的爱因斯坦依然是人类最伟大的科学家之一；而且今天人类对上帝的信仰已经遍布全球。从学术史看，任何研究，只要是有利于人类社会发展的科学探讨，最终都会为人类所承认，为社会所接受。我坚信，我在本书中对语言变异及其身份建构功能的研究，肯定会把语言学和社会学的交叉研究在现有基础上结合得更好，并以此为所有被语言学研究所困惑的高校英语教师摸索出一条语言研究为社会做贡献的渠道。

　　由于这本书是在我的博士论文基础上做的修改和完善，里面很多引自社会学和语言学的人物会让读者感到陌生。为了避免阅读过程中出现误读或者误解，我把这些人物的信息进行了收集整理，并在书后"人物注释"中予以列举，希望能给大家提供方便。

张　焱

2012 年 8 月 10 日

目录
CONTENTS

第一章 关于语言变异 ····················· 1

 第一节 什么是语言变异 ················· 2

 第二节 语言变异的属性 ················· 5

第二章 关于语言的身份建构功能 ············· 11

 第一节 什么是身份建构 ················· 12

 第二节 语言学的身份建构研究 ············· 15

 第三节 社会学的身份建构研究 ············· 17

 第四节 身份建构理论述评 ················ 19

第三章 语言变异建构社会身份的策略 ·········· 23

 第一节 建构社会身份的语言变异分类 ········ 24

 第二节 语言变异建构社会身份的指导性原则 ···· 32

 第三节 语言变异建构社会身份的规则 ········ 34

第四章 语言变异建构社会身份的实施 ·········· 37

 第一节 实施手段之一——语码转换 ·········· 37

 第二节 实施手段之二——言语适应 ·········· 42

第三节　实施手段之三——委婉用语 ………………………… 45
　　第四节　实施手段之四——语言民主化 ……………………… 50
　　第五节　实施手段之五——语言技术化 ……………………… 57

第五章　语言变异的历史杰作——"文革英语" ………………… 64
　　第一节　"文革英语"产生的历史背景 ………………………… 65
　　第二节　"文革英语"的出现及其特点 ………………………… 80

第六章　"文革英语"的语言变异表现 …………………………… 89
　　第一节　"文革英语"的语言策略 ……………………………… 90
　　第二节　"文革英语"的词法变异 …………………………… 106
　　第三节　"文革英语"的句法变异 …………………………… 119
　　第四节　"文革英语"的语调变异 …………………………… 124
　　第五节　"文革英语"的语篇变异 …………………………… 130

第七章　"文革英语"的身份建构过程 ………………………… 144
　　第一节　政治形象建构 ……………………………………… 145
　　第二节　阶级立场建构 ……………………………………… 156
　　第三节　思想觉悟建构 ……………………………………… 164

第八章　对语言变异建构社会身份功能的反思 ……………… 173
　　第一节　可能出现的负面效应之一——无中生有 ………… 174
　　第二节　可能出现的负面效应之二——断章取义 ………… 177
　　第三节　可能出现的负面效应之三——偷梁换柱 ………… 180
　　第四节　尊重语言属性，正确使用语言的建构功能 ……… 182

人物注释 …………………………………………………………… 184

参考文献 …………………………………………………………… 194

后　　记 …………………………………………………………… 201

目录
CONTENTS

Chapter 1　On Language Variation .... / 1

　Section 1　What is Language Variation .... / 2
　Section 2　Properties of Language Variation .... / 5

Chapter 2　On the Function of Identity Establishment .... / 11

　Section 1　What is Identity Establishment .... / 12
　Section 2　Identity Establishment in Linguistic Field .... / 15
　Section 3　Identity Establishment in Sociology .... / 17
　Section 4　Comment of the Function .... / 19

Chapter 3　Strategy of Identity Establishment by Language Variation .... / 23

　Section 1　Types of Variation .... / 24
　Section 2　Guiding Principles .... / 32
　Section 3　Rules .... / 34

Chapter 4 Implementation /37

Section 1   Code – switching /37
Section 2   Speech Adaptability /42
Section 3   Euphemism /45
Section 4   Language Democracy /50
Section 5   Technology of Language /57

Chapter 5 Cultural Revolution English—Historic Language Variation /64

Section 1   Background of Cultural Revolution English /65
Section 2   Characteristics of Cultural Revolution English /80

Chapter 6 Variation Performance of Cultural Revolution English /89

Section 1   Linguistic Strategy /90
Section 2   Lexical Variation /106
Section 3   Syntax Variation /119
Section 4   Intonation Variation /124
Section 5   Text Variation /130

Chapter 7 Process of Identity Establishment by Cultural Revolution English /144

Section 1   Political Image Establishment /145
Section 2   Social – class Establishment /156
Section 3   Establishment of Political Awareness /164

Chapter 8 Introspection /173

Section 1   Negative Effect One—Out of Thin Air /174

Section 2	Negative Effect Two—Garble a Statement	/ 177
Section 3	Negative Effect Three—Perpetrate a Fraud	/ 180
Section 4	Positive Utilization	/ 182

Notes / 184

References / 194

Postscript / 201

第一章
关于语言变异

　　语言变异指的是偏离既有语言常规的语言形式。这种语言现象的出现，既是语言发展的需要，也是语言发展的必然结果。任何语言变异的背后总是隐藏着说话人的某种意图，语言变异只是一种手段，其目的在于通过语言的"与众不同"造成一种身份的"与众不同"。所谓语言的"与众不同"就是言语方面的不寻常，就是对语言的约定俗成的摆脱，从而达到所用语言的引人注目。

　　语言变异现象在语言交际中十分普遍，它是一种特殊的语言现象，更是一种交际策略。人们在使用语言进行交际时，总要遵守一定的语言方面的约定俗成，总是要根据言语交际中的主观因素和客观因素选择最恰当的语言成分来表达自己的思想。这种遵循语言常规去发掘语言中存在的无限的表达方式，固然属于创造性地运用语言；但是人们在使用语言时往往也会故意偏离常规，通过创造性地使用语言来达到特殊的语用目的和语用效果，这就是语言变异。"通过语言的变异，我们可以看到语言与社会、变异与结构之间的紧密联系。这就开阔了语言研究的视野，把以前不予研究的变异现象纳入语言研究的领域，或者是把以前孤立地加以研究的某些语言现象联系起来，进行综合的考察。"[①]

　　语言顺应理论[②]指出，语言具有变异性、商讨性和顺应性。语言的这

[①] 徐通锵：《历史语言学》，商务印书馆，1991。
[②] 见书后人物注释1。

些特性，使得语言的使用成为一个基于语言内部或语言外部的原因而不断作出语言选择的过程。说话人为什么作出这样的而不是别的选择，一定会有其背后的理据。为了实现特殊的交际目的和意图而作出的语言选择更具有较强的理据性，语言变异就是一种理据性很强的语言选择。

语言变异（language variation）已成为社会语言学研究领域里的一个特定词语，是指由于语言交际语境的不同，语言使用者在使用口语或书面语时产生的语言差异。语言变异可以细分为几个方面：（1）语音变异，指人们在口语交际过程中的语音或口音差异。（2）词法变异，指语言中词的书写或拼写方式差异。（3）句法变异，指语言中句子结构的差异。（4）语义变异，指语言中对某一事物的多种不同表达方法。（5）话语变异，指语言中对某一事物的多种表达方式，也有人称为言语变异。（6）语体变异（stylect），指某语言使用者由于语言使用场合不同，或说话对象不同而使用不同语体的语言差异。（7）历时变异（histolect），指不同历史时期使用的，反映某一时期社会特点的语言变体，如"文革语言"。（8）语际变异（inter-lingualect），指双语或多语环境中，语言借用或混用的语言变体。

第一节　什么是语言变异

一　语言变异的概念

从社会语言学的角度分析，语言变异是指"随着交际要求和结构功能的变动，语言现象和语言系统的结构要素及其关系出现变化，它展示了语言动态性本质特点"。同一种语言，由于使用场合、交际对象以及发生的情景不同，其语言形式和结构会出现变化，这种因为人们在不同的社会环境中使用的同一语言所发生的语言变化形式，称之为语言变异。[①]

二　语言变异的特点

关于语言变异的特点，学界在对语言变异的规律进行总结的基础之

[①]　郭晓燕：《语言变异对社会及社会心理的折射》，《江西教育学院学报》2004年第4期。

上，归纳出如下几个方面，具体分为：

第一，语言变异的普遍存在规律。认为在语言的使用中，变异现象无时不在。

第二，语言变异的破坏性规律。认为语言变异如果发生在词汇和语法上，就会破坏语言的系统结构，打破语法框架。

第三，语言变异的表达创新规律。认为语言变异规律包含了故意偏离语言结构的常规而采用的组合方法，也就是语义结构的"超常组合"，这种"超常组合"就是指那些在语言组合中突破了语句成分之间的语义限制关系，根据特定的语言环境和表达上的需要临时组织起来的语词，这就是一种创新的用法。

第四，语言变异的应变性规律。指的是语言随语言环境的变化而变异，尤其是语言在环境变化下的灵活运用。①

三 语言变异的类型

很多学者对语言变异的类型进行了研究。拉波夫认为，语言变异的分类可以从三个方面进行：一是语言变异形成的原因；二是语言变异在语言系统中出现的范围或层次；三是变异在语言社会中的作用。新西兰社会语言学家贝尔教授也曾撰文提到分析语言变异分类的三个维度：语言因素、社会因素和语体因素。

近年来，国内学者也在语言变异类型方面做了很多细致工作。陈松岑主张从导致变异的原因、变异在语言系统中出现的范围或层次、变异在语言社会中的作用等几个方面对变异加以区分。从语言系统层面关注变异，主要是音系变异、词汇变异、句法变异和话语变异。从变异范围层面关注变异，主要是系统变异、分布变异、偶然变异等。徐大明教授则把语言变异做了如下分类：（1）与语言系统相关的语言变异（音系变异、句法变异、话语变异）；（2）与社会因素有关的语言变异（言语社区、年龄、性别、社会阶层、语体、民族、家庭、社会网络、认同）。丁崇明②教授提到

---

① 肖建安：《论语言的变化与变异规律》，《北华大学学报（社会科学版）》2000 年第 2 期。
② 见书后人物注释 4。

了无序变异和有序变异，个人、群体和言语社团变异，恒常变异和偶尔变异，有意识变异和无意识变异，母语变异和非母语变异等类别。

在综合各位学者的上述观点的基础上，我比较倾向于把语言变异进行如下分类的观点：

第一类，有序变异和无序变异。这个分类主要根据语言变异是否与其他因素有关。人们言语里充满了各种各样的变异现象，包括语音的差别和每个人话语中的独特成分。这类变异在一定程度上都呈现出随机的无序状态，属于与其他因素无关的、随机的变异。这类变异不会引起语言变化，属于无序变异。而有序变异指的是进入了有序阶段的无序变异，即某一变异成分在言语社团中被某一群人接受并传播时开始的语言演变。

第二类，个人语言变异、部分人模仿变异、部分群体模仿变异和言语社团变异。这四种变异的分类根据是语言变异发生的范围。语言演变都起始于个人语言变异，即个别人的语言中出现的不符合规范形式的某种变异。但是由于分布比较零散，多数个人语言变异不会引起他人响应。个人语言变异影响到其他人并被其模仿，就出现了部分人模仿变异。部分群体模仿变异是在部分人模仿变异的基础之上更进一步的语言变异，即由少数人模仿扩展到更多的人模仿，形成了具有一定数量的群体模仿。言语社团变异则比部分群体变异更进一步，它属于已经为某一言语社团多数成员所接受并无意识地在使用的变异形式。

第三类，恒常变异和偶尔变异。这类变异的分类根据是某一变异形式出现的时间频度。恒常变异指的是在相当一个时间段内，语言使用者一直或较经常地使用的某一语言变异形式。偶尔变异则是语言使用者很少使用的语言变异形式。

第四类，有意识变异和无意识变异。这类变异的分类根据是语言使用主体是否有意识地使用某一变异形式。语言使用主体有意识地使用的变异形式是有意识变异，否则就是无意识变异。

第五类，母语变异和非母语变异。语言使用者使用母语时产生的语言变异叫母语变异，非母语变异是由语言使用者在使用非母语时所产生的语言变异。

第六类，超前变异和非超前变异。这是根据变异在一定时间内为人们所接受的程度进行的分类。超前变异的接受者通常指少数人，这些人采用的语言变异形式在当时社会状态中是超前的，是大多数人尚未接受的语言变异形式。相比较而言，非超前变异是比较合时宜的、已经为大多数人所接受的语言变异。①

第二节　语言变异的属性

一　语言变异发生的原因

学界一般认为，产生语言变异的原因主要来自两个方面：语言内部的原因和语言外部的原因。

来自语言内部的原因可以分为以下几种：

第一，因为自然存在的语言都具有异质性，所以并不存在理想中的同质语言系统。语言的异质性体现为存在变异成分是其发生演变的重要因素。这里所说的异质性即语言内部的不平衡性，会引起语言某些单位及结构规则产生变异。

第二，从不同国家的语言环境角度考虑，第二代新移民在其母语习得环境语言的直接影响下，其语言习得状况必然产生变异，这些人所拥有的、变异了的语言状况又促发了该地区的语言变异。

第三，在某个语言群体中，总有个别人在求新、求变的心理作用下，自己创造出新的语言形式或引进新的语言形式，这也可能引起语言的某些变异。

第四，在把现有规则进行类推和泛化的过程中，也会引起语言变异。任何语言规则都有一定的使用范围，如果把这些规则进行类推，使其包含的语言用法得以扩大，就会引起语言变异。

第五，语言内部结构系统自身组织的调整也可能引起语言变异。出于表达的需要，语言系统会不断要求增加新的语言成分，如新的概念和新的观念等。但是，因为在原有的语言系统内没有现存的、适当的对应形式，这就需要借用其他语言系统的词语，甚至在本系统内创造新词。这些新词

---

① 阮畅：《语言变异研究综述》，《唐山学院学报》2003年第1期。

语一经引进或者创造,就会以新的语言成分形式得以保留,就形成了语言变异。①

郭晓燕就引发语言变异的语言外部原因做了比较充分的论述,她认为这类原因主要有四个方面:第一,社会生活的变化引起语言变异。社会生活的任何变化,哪怕是最微小的变化,都会或多或少地在语言——主要在语汇中有所反映,因为语言是社会生活所赖以进行交际活动的最重要的交际手段。语言变异在这方面的表现主要有创新词汇、旧词衍生新意、外来语的引进和语音发生变异等。第二,社会阶层、语言集团影响语言变异。社会是由不同阶层构成的,他们有各自的社会习语与表达方式。任何一个语言集团的成员在阐述某一个意思时往往能使用两种或两种以上的表达方式,从而引起语言变异现象。第三,性别差异导致语言变异。第四,地域差异引起语言变异。②

二 语言变异如何被社会接受

语言变异最终能为社会所接受,主要是由于人的语言能力和言语能力受到心理因素和社会因素的影响,人际言语要在特定的社会心理环境中进行,因此话语的生成和理解、话语信息的传递都要依赖于社会心理环境。社会心理一方面是指社会的心理,即群体和社会中人们共同的心理;另一方面是指社会影响和制约下的个人心理。社会心理可以说是一个综合体,既是民族文化、传统习惯的积淀,又是社会环境、个人心理的综合。个人的心理和行为总是趋近于社会心理。语言是思维的外在反映,人的社会心理变化必然使语言产生变异,而语言变异也必然映射出人的社会心理。

（一）接受语言变异的社会趋势——从众心理

从众指的是个人的观点与行为由于群体的引导或压力,而向与多数人相一致的方向变化的现象。这种心理是人们寻求社会认同感和社会安全感的表现。在社会中,人们都有一种心理倾向,即被大多数人接受的,个人

---

① 丁崇明:《语言变异的部分原因及变异种类》,《北京师范大学学报（人文社会科学版）》2000年第6期。
② 郭晓燕:《语言变异对社会及社会心理的折射》,《江西教育学院学报》2004年第4期。

也表示乐意接受。这种顺从大多数的心理和个体自愿接受社会行为规范的倾向，是导致语言变异为社会接受的主要原因。从众心理较多涉及群体对个人的影响，人们的群体性欲望，以及个人作为群体中的一员而希望被群体接受和避免不合群的倾向等，都是导致最终接纳语言变异的原因。

（二）接受语言变异的个性特征——追新求异

古希腊哲学家亚里士多德说得好："人们喜欢被不平常的东西所打动。"一般说来，每个人在社会中都通过不同的方法和途径来表现自己的个性特征，其目的是要在他人的心中形成"自我"，表示"卓然独立"。追新求异能使他人更快地注意到自己以达到某种心理上的满足，因为新奇的东西对人的刺激最大，最容易引起人们的注意，这种追新求异的社会心理也会促使人们接受语言变异。人们追新求异，喜欢标新立异，追求新字奇字的运用，特别喜欢使用那些伴随物质生活的丰富而产生的新词语。所以，从某种意义上说，正是人们追新求异的心理加速了语言变异的社会接受进度。

（三）接受语言变异的意念行为——模仿

模仿是指个人受非控制的社会刺激所引起的一种行为，它以自觉或不自觉地模拟他人行为为其特征。这种模拟同样发生在语言变异的接受方式上。很多时尚的词语，诸如"炒鱿鱼"取代"解雇"（sack sb.），"打的"替换"乘出租汽车"（flag down a taxi），"埋单"取代"结账"（settle accounts），"迷你裙"换成"超短裙"（mini-skirt），"峰会"盖过"首脑会议"（summit meeting）等等。这些对生活中出现的语言变异内容从模仿使用到最后的自然使用，都说明了模仿是社会接受语言变异的重要途径。[1]

三 语言变异研究的意义

以往的语言学研究关注工具层面的比较多，语音、词汇、语法分析得很细致，讲得也很多，重点都集中于语言工具的成分和结构。研究的问题

---

[1] 郭晓燕：《语言变异对社会及社会心理的折射》，《江西教育学院学报》2004 年第 4 期。

多聚焦于语言具有什么样的结构，有哪些规则，结构之间有什么联系等。相比之下，这类研究对人以及人们怎样使用语言这个工具的关注比较少，这方面的代表人物是著名语言学家索绪尔。索绪尔提出了"语言"和"言语"，以及语言现象中的"历时"与"共时"等概念，他对语言特征和语言现象的分析揭示了语言作为一种符号系统的本质。索绪尔以后发展的结构语言学和形式语言学也把语言看成是同质的、静止的符号系统，语言同质观在研究语言时追求静态的平衡，追求没有差异和混杂成分的语言材料，重点研究抽象的、人类共有的"语言能力"和"语言规则"。这种针对真实语言交际中根本不存在的语言的研究，忽略了语言的社会性、语言的变化和变异、语言的互动和交际。

语言变异理论注重研究在真实社会环境中使用的语言，具体分析语言的不同和变异，认为语言不是一种同质的系统，而是一种异质、有序的结构。语言变异观的产生和发展大大丰富了语言学，特别是社会语言学的理论，对语言学的研究具有深远的意义和影响。

第一，语言变异理论是对语言的社会本质认识的深化。它对语言提出了一种更为细致的，同时又更为广阔的概念，是在索绪尔重视研究语言内部同质系统的基础上提出的发展语言系统的异质性研究。变异语言观认为：作为社会交际和认同工具的语言，既有很强的同一性，又是存在多种变异形式的有序系统。这种语言观，弥补了对于语言的同质性单方面认识的局限，大大丰富了语言学理论，是人类语言观的一次带有革命性的飞跃。

第二，语言变异理论是对语言研究方法的革新。它重视收集和分析活生生的使用中的实际语言材料，而不是任意选取或编制的语言例证。在收集语料的方法上，拉波夫等语言学家尝试和实践了不少方法，这些探索为客观描写、解释、认识语言提供了科学手段。此外，语言变异理论能够量化语言变项（语言的发音、词汇等方面的变异形式）和社会变项（说话人的社会阶层、年龄、性别等），然后进行计量统计分析，探究两者的相关性采用这种方法，既可以观察和描写语言使用中的差异，又可以有效地归纳和发现语言变异的规律。

因此，语言变异理论相比于历史比较语言学和结构主义语言学都具有更进一步的研究价值和更深层次的意义。

四 语言变异的研究现状

最先从方法论角度认识语言变异现象的是社会语言学理论和方法的奠基人拉波夫（W. Labov）①，他主张应从社会文化分层研究社会中的语言变异。1964年，拉波夫完成了在纽约市百货大楼中人们所使用的语言变项 r 的调查。他这项旨在探究语言变异与社会阶层、性别和年龄等一般参数关系的研究所采用的分析模式，至今仍为众多的社会语言学家所效法。此外，拉波夫与他人合著的《语言演变理论的经验基础》一文强调要把语言放到社会环境中去研究，具体地分析语言的变异。拉波夫认为，语言不是一种同质的系统，而是一种有序异质的结构。"有序异质"，这是一种新的语言理论模型，可以具体地分析语言的变异以及它在结构中的地位。有序异质理论开始把语言放到时间和空间的运动中去研究，以显示语言与社会、共时和历时之间的内在联系。

进入20世纪，许多西方语言学家开始对语言变异产生浓厚的兴趣并提出了颇有见地、异彩纷呈的见解与理论。其中成就较高的有以其有关语言变异的理论而闻名的伦敦学派的创始人弗斯（J. R. Firth），他重视语言的社会功能，主张把语言放到语言交际的环境中，联系使用场合进行研究，同时对多个限制性语言构成的语言变异系统予以阐明。除此之外，还有强调探索社会成员个人的语言变异问题的加拿大学者唐尼斯（W. Downes），着重探索民族、种族、阶级、社会集团、性别、地域等因素所引起的语言变化的英国学者特鲁吉尔（P. Trudgill），认为重点应放在语言的地域差异、社会阶级变异、文体变异等几个方面的美国学者费希曼，把语言变异的研究与说话人的社会网络特征联系起来进行研究的（J. A. Fishman）米尔罗伊（L. Milroy），潜心于语体变异研究的贝尔（A. Bell），等等。

中国的语言变异研究起步较西方晚了几十年。比较有代表性的研究成果有陈松岑②教授在1999年出版的《语言变异研究》，该书对语言的本质、

---

① 见书后人物注释2。
② 见书后人物注释3。

语言变异理论及研究方法论几个方面作了比较深入和开拓性的研究，是中国目前研究语言变异跻居一流的理论著作。此后，语言学界研究语言变异的学者逐渐增多，对语言变异的理解也呈多样化状态。具有代表性的观点有以下几种：

第一，北京语言大学的施春宏教授把语言变异定义为"随着交际要求和结构功能的变动，语言现象和语言系统的结构要素及其关系出现变化，它展示了语言动态性的本质特点"。他指出，"变异不仅指语言现象、结构要素形式的出现和退隐，更主要是指语言现象、结构要素关系的调整，因为每一个语言现象、结构要素形式的变动都是由关系的某种变动引起并体现出这种关系的变动"。

第二，南昌大学外国语学院郭晓燕教授从社会语言学的观点出发，把语言变异定义为"同一种语言，如果语言的使用场合、交际对象以及情景不同，那么语言形式和结构上也会有差异。这种具备同一社会特征的人在不同的社会环境中使用的同一语言所发生的语言变化形式称为语言变异"。

另外，语言学界还有一些比较有名的学者，如沈家煊[1]、伍铁平[2]、林小平、张辉等也都就语言变异发表过相关的论述，但这些论述归纳起来都表达了一个核心观点：语言变异是指偏离了语言常规的语言形式。

---

[1] 见书后人物注释7。
[2] 见书后人物注释13。

| 第二章
关于语言的身份建构功能

在社会学的学术背景中,"语言建构论"的思想最先体现在维特根斯坦①的论述中。维特根斯坦质疑了长期以来人们对语言的理解和认识,即"语言是交流工具,是反映客观现实的镜子"的看法。他把语言的使用看作人们对社会现实进行构建的行为方式。维特根斯坦指出,"'意义'这个词可以这样来定义:一个词的意义就是它在语言中的使用。"② 他认为语言的意义产生于语言的使用之中,在社会实践中使用的语言既能够建构现在的意义,也可以建构未来的意义。他还认为,语言的含义不仅仅在于它反映了事物的本质,还在于人们通过一定的方式,在彼此交流的过程中对语言加以应用,这就是他所称的"语言游戏"。他指出,语言具有与其他游戏相似的特征——规则,包括先在规则和调节规则。先在规则处于言语行为发生之前,调解规则产生于言语行为的发生过程之中。在语言规则中调节规则居多,因为很多言语规则都产生于具体使用之中。

在维特根斯坦"语言游戏"的启发和影响下,美国学者尼古拉斯·奥纳夫首次从学科意义的角度提出了"建构主义"(constructionism)这个概念。认为言语行为经过人们不断重复,就会变成制度化的东西并衍生出分享规则,这种分享规则可以为人们未来的行为提供语言意义的环境和基础。"语言既是再现性的,也是实施性的,人们不仅用语言代表行动,而且用语言实施行动。③

---

① 见书后人物注释5。
② 维特根斯坦:*Philosophical Investigations*, Oxford, 1958。
③ 尼古拉斯·奥纳夫:*World of Our Making*, Oxford, 1989。

关于语言在完成建构行为过程中所涉及的具体层面，美国社会语言学家 James Paul Gee 认为，人们在说话或写作时不只是简单地在使用语言，而是从事6种建构任务：（1）建构物质世界的意义和价值；（2）建构活动；（3）建构政治（社会物品的分配）；（4）建构身份和关系；（5）建构联系关系（前后所说所写的东西的联系）；（6）建构符号系统①。对这种观点的进一步归纳可以得出，语言对社会的建构主要体现在三个方面：人的身份建构、社会关系建构和思想觉悟建构。

美国社会学家 Peter Ludwig Berger 对语言进行建构活动的过程作了明确归纳，他提出，"语言一旦成为社会的习惯，就会影响着人们的思维方式，因为语言并不是中性的，而是承载着社会价值观。他把语言的社会建构分为三个过程：第一，把思想编成语言代码的过程，即将个人的思想、感情、记忆等在大脑中转换成语言代码。第二，人的知识体系借助于语言代码而客观化的过程，即通过语言这一媒体使人的知识体系成为社会的习惯。第三，社会的思想、观念、情感通过语言在人们的大脑中内化的过程。"②

第一节　什么是身份建构

一　什么是身份

从历史上看，身份（identity）一词的意义较完整地保留在其衍生的释义词组"the same"（相同的东西）之中，它最初来源于拉丁词 identitas，字面意思是"同一性"。当它转变为英语的 identity 时，常用于表示某些事物是相同的、一致的，或者就是它本身。其主要词义是"整一性"、"个体性"、"个别性"、"独立存在"或"一种确定的特性组合"。③ 马克思认为，身份是指"人的出身、地位和资格，是人在一定社会关系中的地位，因而

---

① James Paul Gee（亚利桑那州州立大学），An Introduction to Discourse Analysis: Theory and Method Analysis, 2000。
② Peter Ludwig Berger（波士顿大学），The Social Construction of Reality, 1972。
③ 见 John Ayto, Bloomsbury Dictionary of Word Origins, London, 1990, 第292 - 293 页。

人人皆有身份"。①

陆学艺②从标识的角度出发，把身份定义为"社会成员的社会属性标识和社会分工标识。社会成员的身份标识越多，社会结构就越紧密而稳固。身份标识容易形成和制定与之相对应身份的行为规范，并通过对规范的执行而使社会秩序井然。身份是人的社会归属，是人的社会地位、法律地位或受人尊重的地位。"③

李茹从规范的角度分析，认为"身份是存在于个体和群体之间的、系统性的、具有区分性的、有意义的一整套规范。这样的规范蕴涵着身份是存在于个体或群体中的一种潜在的同一性特征，它是区别于其他个体或群体的因素、是区别群内与群外的指示项。"④

社会身份理论的创始人、英国社会心理学家 Henri Tajfel 把社会身份定义为"某人所属的社会群体之成员身份，这一身份对于该成员来说无论在情感上还是价值观上都具有极其重要的意义。"⑤

美国学者 Donald Taylor 和 Fathali Moghaddam 论述了构成社会身份的四项因素：

（1）Categorization（分类）：people often put others (and ourselves) into categories. Labeling someone a *Muslim*, a *Turk*, a *Gimp* or a *Socca playa mate* are ways of saying other things about these people. （人们经常把自己或者他人放到某个类别之中，赋予一种标识进行称谓）

（2）Identification（识别）：people also associate with certain groups (in-groups and outgroups), which serves to bolster our self - esteem. （人们还把自己同某个群体进行联系或者区分以彰显自身）

（3）Comparison（对比）：people compare our groups with other groups, seeing a favorable bias toward the group to which we belong. （人们把自己同其

---

① 《马克思恩格斯选集》第一卷，人民出版社，1997，第18页。
② 见书后人物注释6。
③ 陆学艺：《社会学》，知识出版社，1996，第175页。
④ 李茹：《在语言选择中构建社会身份》，《山西农业大学学报（社会科学版）》2008年第1期。
⑤ Henri Tajfel, "Social Psychology of Intergroup Relations", *Annual Review of Psychology*, 1982, (33)：p. 24.

他群体比较，努力找出自身所属群体的优势）

（4） Psychological Distinctiveness （心理区分）: people desire our identity to be both distinct from and positively compared with other groups①. （人们渴望在与其他群体的比较中突出自己）

从这几点论述中可以得出结论：人的社会身份具有两方面明显的特征，第一个特征是身份可以明确所归属的社会群体。通过身份所拥有的群体特征，身份拥有者既可以向某个社会群体表明其与该群体的类同，又可以为某个社会群体所拉拢或者归并。第二个特征是身份可以标识其与其他社会群体的区别。身份拥有者可以凭借自己的身份显明与某个社会群体的不同属性，达到离开该群体的目的。还可以因为拥有与某个群体不同的属性而遭到该群体的驱逐。这两个特征说明身份具有在社会行为过程中的典型标识作用。

二 身份建构的类别

吉林大学外语学院的项蕴华教授对身份建构的类别进行了系统的总结和分类②，她指出，到目前为止，身份建构的研究可以分为四个方面：

第一，从话语形式的角度分析，身份建构可以分为对话形式、叙事形式、演讲形式、媒体话语形式和政治话语形式等几类。

第二，从被建构的身份类型角度分析，身份建构可分为性别身份建构、种族身份建构、民族身份建构、跨民族身份建构、社会身份建构、文化身份建构、个人身份建构等等。除此之外，还有从相对角度出现的集体身份与个体身份建构。上述各种身份类型在其建构过程中会经常发生相互交叉，也会发生相互冲突。

第三，从研究的涉及层面分析，身份建构问题通常与下列层面发生同步研究。从哲学的意识形态角度分析，对某一社会群体的身份建构过程涉及哲学、社会学和语言学之间的跨学科研究。只有各个学科、不同领域的

---

① Taylor, Donald, Moghaddam, Fathali (1994-6-30), "Social Identity Theory", *Theories of Intergroup Relations: International Social Psychological Perspectives* (2nd ed.), Westport, CT: Praeger Publishers, pp. 80-81.
② 项蕴华:《身份建构研究综述》,《社会科学研究》2009 年第 5 期。

研究人员相互合作，才会得到全面透彻的结果。另外，对民族、种族和国家之间的关系研究会涉及与国际政治、国际关系和哲学等学科之间的跨学科研究。

第四，身份建构可以从不同的视角进行研究，其中包括发展视角研究，文化视角研究，社会视角研究，语言视角研究，批评性话语分析的视角研究，等等。研究人员可以综合采纳各个领域的理论和研究方法，从不同的视角对身份建构问题实施跨学科研究。

第二节 语言学的身份建构研究

从语言学的角度看，语言的身份建构功能经历了一个从无到有的过程。这方面研究主要经历了变异研究、语用研究、社会心理研究、语言交际研究、语言社区研究和生命身份研究、批评话语分析等六个阶段。

（1）社会语言学的语言变异研究：该研究开始于20世纪60年代，它把语言社会因素作为研究对象，认为人们的语言都充满了诸如思想和历史等属于他人的声音，并因语境不同而不同。语言变异研究的目的是把语言变量中的社会阶层、性别、年龄等社会变量进行统计和反映，在此基础之上探讨语言与社会身份的关系问题。但是语言变异研究既没有重视语言使用中的个体差异和个体能动作用，也没有在其语言变量的选择中反映个体语言的多样性。

（2）语用学的语言变异研究：语用学关注了构成社会身份的各种变量，如文化归属、社会阶层、身份背景和教育程度等。它强调语境在塑造语言和社会意义中的作用，这种做法改变了人们认识中语言与身份的对应关系。但是，语用学研究由于过于强调语境对语言行为的影响而忽视了人的主体建构作用，人的主体地位仍没有得到充分的认识。

（3）社会心理研究：在交际顺应心理与社会身份感的共同影响之下，言语个体既可能有顺应对方话语的合作行为，又可能有突出自己身份的趋异语言行为，而且在很多时候两者兼而有之。因此人在任何时候都既有自身主观认定的身份又有客观世界强行赋予的身份，人的这种多重身份构成了一个动态的语言行为网络，即人的任何语言行为都是表明身份的行为。社会心理研究揭示了个体和群体选择语体时的心理过程，指出个体或群体的语体选择是在参照对方社会身份的前提下作出的决定。这种观点为进一步揭示语言与身份之间的相互建构关系奠定了分析基础。

（4）交际社会语言学：该学科明确提出了语言对社会身份的建构作用，认为人的性别、民族和阶级都不是一成不变的，而是从实际语言交际中产生的。交际语言学分析交际中的各种语境提示成分，指出其中蕴含了交际双方的社会背景和价值观念，认为交际双方通过这些提示成分建构自己和对方的社会身份。交际社会语言学认为交际活动不仅体现了社会范畴，而且建构了社会范畴，体现了语言与身份的辩证关系，为研究语言行为和身份构建之间的关系提供了分析模式。

（5）语言社区研究和生命身份研究：该研究开始于21世纪，从社会建构论的观点出发研究处在社会发展中的自我及其身份的形成方式、发展途径和变化规律。这项研究认为，随着年龄的增长以及个体所处环境中社会关系的变化，个体与其经历过的各种社会关系和社会环境以持续对话的方式不断协商交流，并通过语言行为不断建构自己的各种身份。语言社区理论和生命身份研究立足于社会，着眼于语言动态，从主体作用的发挥得出结论，做到了将语言、社会和个体三者之间的有机联系。

（6）批评话语分析：这项研究以语言分析为出发点，更清晰地阐释了语言和社会之间的辩证关系。批评话语分析通过语言建构社会身份，凸显了人在推动社会变革过程中的主体作用。批判话语分析认为，拥有话语权势的社会机构在制定话语规范和生活话语的过程中，通过对人们意识形态的控制，使人潜移默化地接受并遵守话语规范。但是，作为具有主观想象能力的社会生活主体，人既可以遵循话语规范，又会有意识地背弃话语规范，并以此作为建构和彰显自己社会身份的形式。批评话语分析全面地认识了语言与社会身份之间的关系，它把语用学所阐述的社会对语言的构建关系以及其他学科阐述的语言对身份的构筑关系进行综合，从而揭示了语言中的思想性，突出了人在建构社会过程中的主体作用。

第三节　社会学的身份建构研究

（1）历史理解方法：意大利思想家 G.B. 维科[①]在《新科学》一书中谈到社会科学研究的理解问题时特别强调了历史理解问题。他指出历史理解的可靠手段是理解语言，因为语言及其相关资料可以充分显示人们的心理过程和思想认识，是人们正确认识和理解历史的重要途径。理解方法的最高层次和最终目的是理解作者的精神思想状态，其过程包括两个层次，一个是语法解释，一个是心理解释。语言理解和心理理解是一种矛盾关系，这种矛盾的关系是由语言本身的两重性——公共性和思想个性所决定的。语言的公共性是指社会全体成员能够理解和接受的语法规则和词汇，用来表达个人思想，与他人顺利沟通的属性。语言的思想个性是指任何一个民族的语言都不是僵化不变的，都具有丰富的创造性。这种创造性使得人们能够创造性地使用语言，个性地表达思想的属性。语言理解就是理解语言的公共性，心理理解就是理解语言的个性或独特性。

（2）民俗方法学：民俗方法学对语言的研究具体地体现在它的一个分支——谈话分析上。民俗方法学的创始人加芬克尔[②]在研究中发现，谈话中的很多东西之所以被理解，不仅基于当事人实际说出来的东西，而且根据大量谈话中未提到的因素，即言外之意。这些言外之意的理解依赖于谈话所涉及的当事人最近的互动发展过程及前景预期，依赖于对话发展的文献证据即一系列时间上连贯的表达，依赖于谈话过程等等。这些言外之意是无穷无尽的，正是这些言外之意使得任何实践活动中的人和规则都不足以应付当前或者未来实践行动中所有可能的情况。谈话分析集中于研究方法和程序，即研究谈话者形成谈话活动的方法与程序，目标在于详尽理解谈话互动的基本结构，即通过对谈话本身结构与组织过程的分析揭示"互动得以产生与理解的程序与预期。"[③]

---

① 见书后人物注释8。
② 见书后人物注释10。
③ 侯钧生：《西方社会学理论教程》，南开大学出版社，2001。

（3）符号互动论：社会学家布鲁默①主张从人们互动着的个体的日常自然环境去研究人类群体生活的社会学和社会心理学理论派别，又称象征相互作用论或符号互动主义。符号互动论的基本内容包括：（1）人对事物所采取的行动是以这些事物对人的意义为基础的；（2）这些事物的意义来源于个体与其同伴的互动，而不存于这些事物本身之中；（3）当个体在应付其所遇到的事物时，通过自己的解释去运用和修改这些意义。布鲁默曾声称，这种研究需要或至少应该分为两个阶段进行：第一阶段是"考察"，调查者着重了解他想要研究的社会情境的第一手资料。目的是把在其中生活的人们所理解、所适应的世界照样描绘出来，主要用参加者的语言来表达。第二阶段，即"检验"阶段。研究者集中注意环境中的"分析因素"，这些因素要在理论指导下进行观察才可能获得。②

（4）知识社会学：法国著名社会学家福柯③在《知识社会学》中对语言和权力的关系进行了分析，他认为话语是可以得到调控的。在权力关系的作用下，话语影响并创造着知识客体，它规定着什么是真理。因此在现实社会，符号的含义并非无休止地繁衍，而是在权力关系的作用下受到控制和操纵。权力规定着在一定的社会及文化环境下，什么可以说什么不可以说、谁可以说、什么时候说以及在什么地方说。权力关系作用下的话语帮助建构和维持着一定的社会秩序，而这种社会秩序通常被认为是最符合权力支配者利益的秩序。因此，话语和社会权力之间具有互构关系。④

（5）反思社会学：反思社会学的创始人布迪厄⑤（Pierre Bourdieu）认为，社会中的语言交换活动和过程，并不只是人与人之间的观念沟通或信息交流，而是权力斗争脉络的实施信道，也是人与人之间相互进行力量较量、竞争和协调的中间环节。在人们的语言交往中，人们所完成的并不只是语言文字符号及其意义方面的交换，而是不同的个人、团体、阶级和群体之间的社会地位和社会势力的交流、调整、比较和竞争，也是他们所握

---

① 见书后人物注释9。
② 侯钧生：《西方社会学理论教程》，南开大学出版社，2001。
③ 见书后人物注释14。
④ 刘少杰：《后现代西方社会学理论》，社会科学文献出版社，2002。
⑤ 见书后人物注释11。

有的权利、资源、能力及社会影响的权衡过程。语言论述、说话方式以及各种语言运用的策略,在现代社会中,都具有特殊的意义,并在当代社会的权力斗争、正当化程序、区分化以及社会结构重构中,发挥特殊的社会功能。①

(6) 沟通行为理论:哈贝马斯②在"沟通行为"理论中提出了一种理想的会话情景即"话语伦理",认为参与沟通需要具备以下条件,第一,沟通的各参与方应该彼此承认和尊重,做到相互平等,各方所有的需要或要求都应该通过语言形式进行表述和诠释;第二,沟通的各参与方必须有平等的话语权,即任何对话参与者在话语面前都是平等和开放的,解决争议的途径只能是基于理性的彼此理解;第三,参与对话者能够在必要时改变立场,从讲话者的身份转变为倾听或观察者的身份,而且能够接受不同观点,甚至对立的观点。③

(7) 批判的建构主义:奥纳夫从批判的观点出发,对语言应用及其规则之间的关系进行了观察,还讨论了它们对社会现实的影响。奥那夫认为:一定的言语行为,在经过人们不断地重复之后,就会变成制度化的东西,并在此基础上衍生出分享规则。这种分享规则在被分享的过程中,为人们的未来行为提供了充满意义的环境和基础。从这里可以看出,奥纳夫对规则的理解基础是言语行为理论。"言语行动理论的明确主张是,语言既是再现性的,也是实施性的。人们使用语言代表行动,还使用语言实施行动。"④ 很显然,奥纳夫从社会建构主义视角进行研究的核心工具是语言,因为他认为语言不仅可以描述和再现社会现实,还可以建构社会现实。确切地说,语言在创造着世界。

第四节 身份建构理论述评

身份建构理论衍生于社会学研究中的建构论,身份建构的过程就是

---

① 侯钧生:《西方社会学理论教程》,南开大学出版社,2001。
② 见书后人物注释12。
③ 刘少杰:《后现代西方社会学理论》,社会科学文献出版社,2002。
④ Nicolas Onuf, World of Our Making, p. 82.

"一系列自我定义和对自我的不断修正的过程"。①

关于建构论,陆益龙②做过如下论述:"建构论,亦称建构主义。作为一种在社会学中的理论建构类型,最早由韦伯和齐美尔在其社会学理论中提出,又在米德的符号互动论、舒茨的现象社会学和本土方法论以及吉登斯的结构化理论中得以传承和发展。社会学中的建构论寻求对个体及主体间的意义和动机加以理解,并以与行动者相交流和沟通的方式来解释社会世界的被建构过程。建构论所主张的认识论,目标不在于寻求认识的主客体之间的沟通媒介,而是要对社会科学或文化科学中以客体为起点的再现主义认识论加以反思和超越。建构论承认社会认识的主观性,但是更强调社会认识的能动性。认为知识不仅是人们建构起来的,而且社会世界或社会现实也会按照人们所建构的方式在运动变化。"③

在方法论方面,建构论对实证主义的解释和后实证主义的解释性理解方法加以超越,创造性提出诠释性理解方法。这种方法淡化了社会学研究对客观性、普遍性和必然性的解释和理解,增加了对研究过程或理解条件的诠释,其研究主体是如何理解社会、世界或如何建构知识的。建构论在研究路径上选择了实践取向,希望从那些极为平常的社会实践中,来理解人们是怎样在实践和交流中建构社会现实的。

身份建构理论在衍生过程中,受到了来自西方社会学的有关"语言转向"理论的启发和引导。其中以维特根斯坦的"语言游戏"、奥斯汀④的"言语行为"、哈贝马斯的"沟通行为"和奥纳夫的"批判建构主义"等理论为代表。人们对语言的理解,在很长一段时间内都基于这样一种认识:语言是交流工具,是反映客观现实的镜子。人们认为,语言之所以具有含义,是因为它对事物、人类行为和客观世界的外部特征进行了客观、准确的描述和再现。这个观点受到维特根斯坦的质疑,他认为语言的使用是人们建构社会现实的一种行为方式。在他看来,"语言的含义问题不在

---

① Marchand, M. and Parpart, J. Feminism, *Postmodernism, Development*: International Studies of Women and Place, London and New York: Routledge, 2003, p.81.
② 见书后人物注释15。
③ 陆益龙:《建构论与社会学研究的新规则》,《学海》2009年第2期。
④ 见书后人物注释16。

于它是否与外部世界相吻合,而在于它在实践中是如何被使用的"。①

奥斯汀在20世纪50年代末提出了"言语行为"理论。"言语行为"理论探讨了语言的应用问题,从哲学角度解释了语言交流的本质,提出了"说话本身就是一种行为"的社会学命题。在传统意义上,多数哲学家出于对语句的真实价值的兴趣,都认为人们使用语句的目的就是要进行事实陈述,或是要对事物的客观状态进行描述。他们认为说话和行为不属于同类事情,行为是通过具体行动完成的,不是通过人的话语来完成的。奥斯汀对这种论断提出了质疑,他经过认真观察和研究之后,发现有些语句不是单单用于陈述事实或描述事物的状态,而且人们也没有办法来判断它们所陈述和描述内容的真伪。实际的情况是,说话者是在使用这些语句来"做"一些事情。换句话说,说话者在说话的时候并不是总在陈述某一事情,而是在"做"某一事情。在这种情况下,说话和行动就都是在"做"事情了。这就是奥斯汀"言语行为"理论的主要内容。②

哈贝马斯的"沟通行为"理论被学界公认为是其所有论述中特色最强、影响力最大的成果。哈贝马斯认为沟通即是对话,合理的沟通行为不仅能够促进人与人之间的交流,还能形成整个社会的良性互动。哈贝马斯就如何实现沟通行为合理化提出了两项建议性措施。

第一,在对话过程中要选择适当的语言。即对话的双方在表达自己的过程中,都应该选择一种能让对方了解自己的正确语言。否则言语行动就会受到阻碍,甚至被歪曲。在这种情况下,合理的沟通就不存在了。从这个角度讲,分析言语行动就成为了具体解析沟通行为的关键。

第二,对话双方都要承认和尊重共同的言语规范。沟通行为的合理化取决于社会全体成员对话语规范标准的认可,所以已经得到社会承认和尊重的话语规范标准必须能够代表大多数人的意志,必须被大家普遍接受和遵循。判断这种话语规范是否合法,应该考察该话语规范在执行过程中是否获得所有受到该规范影响者的赞同,而不是考察其使用的习俗或传统。③

---

① Ludwig Wittgenstein, *Philosophical Investigation*, 1997, pp. 1 – 2.
② 程雨民:《英语语体学》,上海外语教育出版社,1989。
③ Jay Ellis, "International Regimes and the Legitimacy of Rules: A Discourse – Ethical Approach", *Alternatives*, 27, p. 282.

上面提到的语言学界和社会学界对身份建构理论的贡献，为语言变异建构社会身份提供了丰富的理论支撑和方法论基础。语言变异理论说明了语言研究必须走与社会事物相联系的道路，其"有序异质说"为语言变异对周围事物的建构提供了语言学方面的合理解释。身份建构理论的形成，为语言变异建构社会身份这个主题提供了充分的理论思路，为进一步探讨这一主体提供了方法论和研究目标。但是，这些贡献在分别展示了语言学研究和社会学研究的丰富学术成果的同时，也显现出以下几点缺憾。

首先，虽然语言学方面的语言变异理论中提到了语言对身份的建构问题，社会学方面的建构理论也提到了语言的建构功能，但两者都是从各自的学科视角对语言的建构功能做出的研究，它们之间的跨学科研究还没有实现。语言学中的社会语言学研究和社会学中的语言社会学研究还没有出现过渡和有机的结合。

其次，无论语言学方面对语言变异的研究还是社会学方面对身份建构的研究，在涉及语言的建构功能时，都表现为对已经发生的语言建构现象进行的被动分析。也就是说，两者的研究都立足于语言变异现象中的无意识变异，即社会变迁导致语言变异，语言变异建构社会身份这样一个思路。而语言变异现象中的有意识变异，即如何发挥人的主观能动性，积极创造并利用语言变异建构社会身份这种功能并没有被提及。

最后，在探讨语言变异建构社会身份的方式方法过程中，只有理论上的分析，没有提供实际语言事例，更没有以某一特定历史时期的语言变异现象为研究对象，来分析其建构当时人们社会身份的具体的、系统的方式方法。

第三章
语言变异建构社会身份的策略

中国的先哲说过:"有生之初,人各自私也,人各自利也。"人在社会中生活,无论是具体的衣食住行,还是抽象的思想觉悟,从根本上看,都围绕着如何能够使得自己在社会中顺利地生存。语言作为人类生存的工具,在被人类利用的时候也是为这个目的服务的。

人们在对语言的使用过程中认识到,在社会生活中识别个人身份所最普遍使用的方法就是识别其语言。虽然个人身份可以通过诸如服饰、食物等外显因素体现出来,但是它们不具备语言的身份标志功能。只有语言可以通过人的思维加工后用来建构个体的身份,从而在各种社会关系中树立个体的社会形象并巩固其已经获得的社会地位。

语言使用者在语言发生变异的过程中都会有意无意显示出自己与他人的区别,这就是个体所具备的语体标记(register)和语言风格(style)。而这种明显以个体为特征的语体和风格的外在表现既是自己社会身份的反映,也是语言交际的需要。个体如果不具备自己的个性特征,就可能在群体中淹没,就不可能在语言交际中实现"以言行事"的目的。因此,在多元的社会交际中,人们不得不时常改变自己的角色,尤其是通过对自己的语体和风格作出相应的变化,使得个体话语在其所处的语境或者语域中显得得体或恰当,从而得到在某一语言群体中的身份认同,得以维护自身的社会存在。这就是为什么我们要利用语言变异的身份建构功能。

第一节　建构社会身份的语言变异分类

一　语音变异类

语音重叠（reduplicative）变异：语音重叠的实际所指就是重叠词，即由重叠法（reduplication）所构成的词。重叠法指的是两个或两个以上意义和形态相同或相似的成分重叠而构成的新词。与派生、合成等主要构词法相比较，重叠法是一种次要的构词法。重叠词在口语及其他各种文体中的频繁出现以及在语言中不断涌现新词的现象，说明了这种构词法活跃的生命力。重叠词的恰当使用不仅可以表达丰富的感情色彩，更增强了文章或话语的表现力。

语音重叠作为一种语言变异现象，具有以下几种功能：

（1）模仿声音，增加语言效果。比如汉语中的"滴答滴答"、"咋咋呼呼"、"呼哧呼哧"，英语中的 tick‑tick、ding‑ding‑dang 等叠音词都属于这种语言变异情况。

（2）表示上下来回，增加运动效果。例如英语中的 here and there、zigzag，汉语中的"忽上忽下"、"忙前忙后"、"上上下下"等。

（3）表示对品行和行为的鄙视，增强感情效果。如汉语的"鬼鬼祟祟"、"鬼头鬼脑"，英语中的 hangky‑panky、hokey‑pokey、clever‑clever 之类的词。

（4）暗示次序的混乱，增强贬义效果。汉语中的"无法无天"、"不三不四"、"没头没脑"，英语中的 topsy‑turvy、fiddle‑faddle，等等。

（5）表示赞同，增强褒义效果。汉语中的"唯唯诺诺"、"是是是"、"好好好"，英语中的 super‑duper、tip‑top、teeny‑weeny 等叠音词。

谐音（homophonic）变异：谐音是利用词语的音同或音近的特点，由一个词语联想到另外一个词语，是一种同音借代关系。通过这种词语的谐音关系可以造成"谐音取义"，即由一个词语联想到与其音同或音近的另外一个词语的语义，而且后者的语义是主要的交际意义。

谐音作为一种语言变异现象得到利用，会产生以下效果：

（1）表达祈求幸福、美好、吉祥的愿望。这种谐音手段，诸如汉语中的"年年有鱼（余）"、"寿糕（高）"等现象，都是用来表达祈求幸福、美好、吉祥愿望的词语或语句，一般叫吉祥语，中国民间称它为"口彩"。

（2）避开那些人们日常生活中忌讳、不吉利、不雅的字词。由音同或音近的字词可以联想到吉祥美好的字眼，当然也可以联想到不吉祥、不美好的字眼。比如汉语中的成语"只许州官放火，不许百姓点灯"，英语中的"kick the bucket"，等等。

（3）在言语交际活动中造成轻松、幽默、风趣的气氛。比如在汉语的日常言语交际活动中，人们会适当地使用一些由字词的谐音关系构成的歇后语，如"马背上打掌——离蹄（题）太远"、"外甥打灯笼——照舅（旧）"可以产生轻松诙谐的效果。

（4）可以在交流的过程中起到消除、化解尴尬和不快的作用。例如北京人经常用一句粤语来挖苦广东人："我爱你好幸福啊（我挨你好辛苦啊）"。

二 语汇变异类

语素位置变异：语素位置变异属于一种词化手段，具体指使用与句法结构相反的语序，即句法结构的修饰或支配的方向在词法结构中被颠倒了，形成一种"逆序类"的语言变异现象。这种现象所生成的新词具有一种简明直接的语言理解效果，使得语言交流简单明快，易于理解，具有丰富的时代气息。下面的几个例子说明了这种新颖的造词方法。

Pick-pocket：扒手

Go-between：媒婆

Know-how：知情人

冲喜：用喜事来冲（晦气的事）

物欲：对物质的欲望

影迷：对电影着迷（的人）

舌吻：用舌头接吻

词素拆解变异：词素拆解指的是通过把构成词汇的各部分词素按照交际需求进行灵活地拆分使用，形成一种新的语言变异形式，达到灵活、快捷、简明的交际目的。

比如，某人在参加完一个英语晚会后起身告别，就说了这样一句："good——bye"。他故意把 good 一词拉得很长，其目的就是要先夸奖一下主持人把晚会办得很好，然后再用"bye"表达出告别的意思。把 goodbye 分解成 good 和 bye，实际上就等于把"it is a good party, goodbye"用一个词完成了表达。

再如，某人在打电话的时候想约对方出去玩，可是当他说到一半的时候突然觉得要去的地方不合适，于是就把句子说成了："we want to get to——gether（我们要到一起）"，避免了一场尴尬。

词语仿拟变异：词语仿拟指的是通过模仿其他语言的词汇形式来丰富表达途径，形成令人耳目一新的交际感觉的语言变异现象。

现在很多中国人都愿意引用范伟小品中的"忽悠"一词来表达"吹嘘、不着边际"的意思，而不少中国的大学生就用模仿的形式在英语中发明了"don't huyou（忽悠）me"的说法，幽默直接，交际感很强。

无独有偶，很多在中国生活了一段时间的外教也会说："this is my touteng（头疼）"。

三 语法变异类

语法类型变异：语法类型的变换在很多语言中都存在，这种语言变异形式的目的在于通过转变语法类型来达到强调句子中的不同成分，强化交际所指。

英语中的"强调句式"就是一个典型。

例如"I met Tom at school last week.（我上周在学校遇到汤姆了）"这一句，可以通过强调句子中的不同成分而变化为：

- It is Tom who I met at school last week. （我上周在学校遇到的是汤姆）

- It was last week when I met Tom at school. （我是上周在学校遇到汤姆的）

- It was at school where I met Tom last week. （上周我是在学校遇到汤姆的）

近年来流行于我国网络的"被自杀"、"被跳楼"、"被失踪"等等句式，就形象地说明了这种简洁的被动式表达可以很充分地表明这些事件当时发生的状态。

成分顺序变异：成分序列指的就是句子成分（即主语、谓语等）在语句中的排列顺序。而成分顺序变异则是通过调换句子成分在句子中的位置来实现一种非同寻常的意义表述。句子成分共有主语、谓语、宾语、补语、定语、状语、表语等，其中状语是句子中最灵活的因素，基本可以在语义的驱使下放到句子中的任何位置。

例如：

We will have a party on the lake next month.

这句话的意思是"我们下个月到湖上聚一次"。但是如果我们要强调的部分是时间或者地点，就可以把其中的状语"on the lake"和"next month"按我们的需求放到句首。这样就出现了下面两个句子：

- Next month we will have a party on the lake.（下个月我们去湖上聚一次）

- On the lake we will have a party next month.（去湖上我们下个月聚一次）

四 修辞变异类

在语言修辞的使用中，常会出现搭配异常的现象，以突出语言使用的背景，反映作者的意图，增强语言的表达效果。一般说来，修辞的异常搭配有两类：一类是"语义搭配异常"（Semantically Anomalous），也叫"语义变异"（Semantic Deviation）；另一类是"语用搭配异常"（Pragmatically Anomalous），也叫"语用变异"（Pragmatic Deviation）。

修辞的语义变异通常表现为以下几种情况。

（1）隐喻（metaphor）：根据两个事物间的某种共同的特征，把一个事物的名词用在另一事物上。说话人不直接点明，而要靠读者自己去意会。

例如：

- Life is a dream.

- You are my sunshine.
- 她就是一个老妖精。

在这三个例句中我们能够明显看出，life 和 dream、you 和 sunshine、她和老妖精在语义的搭配上都是不合乎逻辑的，但是我们能读出其隐喻含义。这种办法使语言变得形象鲜明而生动，增强了语言的艺术感染力。

（2）转类形容词（transferred epithet）：也被称为"转借"。指的是表示性质、特征的形容词由修饰人转移到修饰事物。

例如：
- We waited in a painful silence.
- 她无论去哪里都戴着那条多情的围巾。
- He would always hold that professional stick.

在这三个句子中，painful 在语义上是不可以修饰 silence 的；围巾不会是多情的；拐杖更不会成为专业的。这种转借而来的形容让读者心目中出现了一些很生动的形象，有身临其境的感觉。

（3）牵连感觉（synaesthesia）：身体的一个器官受到刺激而表述为在另一个器官的感觉。这种方法可以赋予语言以极其生动的感染力。

例如：
- I can read her face.
- 主耶稣基督的话语就是我们生命中的活水。
- Sense the music with your hearts, please.

从生理的层面上讲，上面这三个句子中，read 的宾语不可能是人的脸；话语也不可能是水；音乐更不可能用心去感受。但是"我能读懂你的脸"确实会让人觉得观察者的细致入微和关怀备至，其感人效果十分理想；如果一段话便能使人产生生命的力量，那么这段话的力量是无穷的；音乐是用听觉来感知的，但是如果心灵都能感觉，这一定是超乎美好的音乐。

（4）反论（paradox）：反论从表面看属于一种自相矛盾、不合逻辑或者违背常理，但实际包含着寓意深刻的哲理，发人深省。

例如：
- 日过鱼肆，久而不闻其臭。

- 你总是对这些话充耳不闻。
- 恨之愈深，爱之愈切。
- More haste, less speed.

这几个句子都有自相矛盾的地方："久而不闻其臭"不是说闻不到臭味，而是说臭味太大，把人熏得没有知觉了；"充耳不闻"不是说听不见，而是因为太絮烦，弄得人家不想听了；爱与恨的交织心理，是很多有过切身体会的人都会产生同感的；"欲速则不达"是脍炙人口的警句，也是多少经纶世务者共同发出的涉世慨叹。

（5）矛盾修饰（oxymoron）：由两个具有明显对比、毫不协调的词来形容一个事物，能起到警句式的修辞效果。

例如：
- 他是凡人中的伟人，伟人中的凡人。
- 这场战斗，我们虽败犹荣。
- We call that a victorious defeat.
- Our final hope is flat despair. （Milton：Paradise Lost）

第一句是对近年来网络对某"伟大领袖"的评价，一语中的，入木三分；第二句话如果用来总结失败的教训，定能让大家重新振奋精神，鼓起勇气去再次战斗；第三句话通常能起到和第二句一样的效果；第四句所表现出来的绝望程度绝对远远超过简单的"despair"。

修辞的语用变异通常表现为以下几种情况。

（1）隐喻（metaphor）：隐喻既可以表现为语义搭配异常，又可以表现为语义搭配正常而语用搭配异常。

例如：
- 他就是我们的领头羊。
- He is the salt in our life.

领头羊用来比喻带头人，形象而且生动；"生命中的盐"是上帝对所有基督徒的召唤，它形象地说明了基督徒在人世间应该起到的重要作用。

（2）反语（irony）：指说话者或写作者有意识地使用与本人原意相反的词语来表达其本意。这种故意说反话的用法可以达到讽喻的惊人效果。

例如：
- 您的这个决定，肯定会得到所有富人的欢迎。
- That remark reflects an outstanding sensitivity.
- 薄酒素菜，不成敬意。

第一句的潜台词就是：如果富人欢迎你的决定，这个决定就肯定会遭到穷人的反对，而穷人往往代表的是大多数；第二句是针对一位在女主人面前说饭菜乏味的客人说的，在这种特定的语境中，outstanding sensitivity 的字面意思显然与话语意思相反；第三句是汉语中盛宴款待客人时常用的谦语。

(3) 反诘（rhetorical question）：反诘类似于汉语中的反问句。即寓答于问。目的在于加强语气，表达激动的情感，并使对方通过自己的思想证实这种想法的正确。

例如：
- Who do you think can care for her next time?
- Do you believe that every fortune maker in the world is happy?
- 谁会为他做出这种事而感到无动于衷呢？
- 会有哪一个热爱自己祖国的人不引以为豪呢？

第一句的内涵是"Everyone hates her"、"care for"和隐含的"hate"形成了语用变异，表达了一种强烈的感情，为加强语气句子使用了反诘修辞手法；第二句暗含着十分清楚的回答，"No，I don't"（我不同意这种看法）；第三句通过反诘强烈地抒发了人们对"他的行为"的强烈反应；第四句以否定句反诘，表达的意义却是"每一个人都应为之引以为自豪"。反诘的作用在这里是引导人们去理解这一行为的思想基础。以上各句如果用直陈句表述，就不会产生如此感情充沛、发人深省的效果，语气也显得不够流畅。

(4) 含蓄陈述（understatement）：故意使用有节制的措辞轻描淡写地陈述事物。通过含蓄而非直截了当地说明事物，给听者和读者留下深刻印象。含蓄陈述近似于委婉语。

例如：
- That is not bad.（教师课堂里常用的表扬学生的话，意为 very good）

- You have no small chance of getting the job. （真正的意义是 you will get the job）
- The student is an underachiever. （实际是说 He is a lazy student）
- 我们这里没人不知道他。（我们这里人人都知道他）
- 他长得绝对不难看。（他长得很帅）

（5）夸张（hyperbole）：用主观的眼光去渲染、夸大客观事物。通过故意的言过其实来加强语言感染力的表现手法。

例如：
- 飞流直下三千尺，疑是银河落九天。
- 爱你一万年。
- No language can express my fondness of you.
- Many, many thanks to all of you.

色彩变异：美国学者阿思海姆在他的《色彩论》中说："色彩能有力地表达情感。"有关颜色的词汇在各种语言里都有其修辞意义，我们可以把有关颜色的词在具体使用中被赋予的新意看做是一种独特的语言变异。颜色词语言变异具有丰富的感情色彩和文化内涵，在建构过程中表现出的独特魅力往往令人刮目相看。但是颜色的象征意义在不同民族语言中往往有不同的特点，因此，这类词在中西文化之间会产生差别很大的作用。

红色是中华文化中的主要色彩基调，它象征着吉祥、喜庆、吉利、忠诚和兴旺发达等义，体现了中国人在精神和物质上的追求。但西方文化中的红色（red）则是一个贬义相当强的词，被认为是令人激动的，是"火"、"血"的联想，它象征着残暴、流血。西方人认为红色"red"主要指鲜血（blood）的颜色，而 blood 在西方人心目中是奔腾在人体内的"生命之液"。一旦鲜血流淌下来，生命之花也就随之凋谢。所以，red 使西方人联想到"暴力"和"危险"，产生了一种颜色禁忌。

在中国传统文化里，"黑"的派生词总是与坏的、不幸、灾难、邪恶等意义相联系。如"黑帮"、"黑话"、"黑市"、"黑货"、"黑心"、"黑信"、"黑名单"、"背黑锅"、"黑云压城城欲摧"等，尤其是汉语的"近朱者赤，近墨者黑"，足以体现出中国文化中对"黑"一词的厌恶。可是黑色在西方文化中却褒贬各半。在圣经里，黑色象征魔鬼、邪恶、痛苦与不幸，因此，黑色也叫做"死色"。黑（black）用在比喻上总是给人一种可怕的、甚至邪恶的感觉。如 black guard（恶棍、流氓），blackmail（敲诈、勒索），black words（不吉利的话），a black letter day（凶日），black dog（沮丧情绪），a black mark（污点），black sheep（败家子），a black eye（丢脸、坏名声），等等。但有时候，黑色也象征庄重、威严和尊贵，"black suit"和"black dress"是西方人最崇尚的传统服装。在庄重场合，达官贵人、社会名流都喜欢身着黑色；交响乐团的成员几乎都是黑色西服，以显示庄严和肃穆；在餐饮服务业中，黑色西服是高层管理人员的着装；"black-ball"是盛装舞会。

"白"是中国社会的"平民之色"。古代老百姓的衣服称"白衣"，后世称"布衣"。古代知识浅薄、没有功名的人称"白丁"。"白"字的派生词往往含有徒然、轻视、无价值等贬义。如："白搭"、"白费"、"白送"、"白眼"、"吃白食"、"一穷二白"等。在中国，亲人死后家属要披麻戴孝（穿白色孝服），胸襟上别着白色的小花，以此来表达对死去亲人的哀悼。但是"white"（白）在西方文化里则有美好、希望、幸福、快乐的含义。西方人认为白色高雅纯洁，所以它是西方文化中的崇尚色。圣经故事里，天使总是长着一对洁白的翅膀，头顶上悬浮着银白色的光环；A white Christmas，白色的圣诞节意味着好的运气；white knight，白衣骑士，指政治改革家或事业上的得胜者；a white soul，纯洁的心灵；a white spirit，正直的精神；white hand，廉洁、诚实；"白雪公主"，Snow white 是聪明、善良、美丽的化身。美国华盛顿的"白宫"（White House）是国家权力的象征；西方国家发布的正式文件叫"白皮书"（white paper）。

第二节　语言变异建构社会身份的指导性原则

一　积极性原则

积极性原则指的是在实施语言变异建构人的社会身份的过程中，语言个体或者语言群体所应持有的态度。

从语言和社会的关系来看，社会变迁导致语言变异，语言变异较之社会变迁显得被动，没有社会变迁则无从产生语言变异。但是语言作为人类交流的一种工具，它的任何变异现象都是由人发出的，因此语言变异尽管是被动发生的，却是因为人的需要而主观产生的。语言变异现象产生的原因就是为了达到语言发展适应社会发展的需求，所以它一经产生就具有了适应社会发展的属性。语言社团对待语言变异的态度可以分为积极和被动，持积极态度的语言社团会充分地利用语言变异这种现象，通过积极地实施语言变异所具有的各种功能来赢得社会承认，使得自身位列于社会发展前沿或者起码与社会发展保持同步。而以被动态度对待语言变异的语言社团往往由于其因循守旧的习性而逐渐落后于社会发展，最终为社会潮流所抛弃。

二　适境性原则

适境，展开来讲就是适合环境。适境性原则指的是在实施语言变异的身份建构功能过程中应充分考虑到所处的实施环境，通过语言的技术手段使得语言变异功能的实施能够尽快适应环境要求，实现身份建构的目的。

语言的技术手段包括四个方面：

（1）对语言交流中间接表达出来或者暗示出来的意思予以认可并作出反应。

（2）将对抗性的谈话转变成合作性的、协同性的谈话。

（3）如何挑战在谈话中被当作理所当然的假设问题。

（4）控制和改变话题。

语言技术手段的理论实质是平息语言矛盾，实现言语交流的成功。也就是说，语言技术手段是身份建构实施语言调节、化解语言暴力的科学方法。

三　适度性原则

适度性原则指的是在实施语言变异的身份建构功能过程中把握语言变异的应用程度，做到既要实现语言社团身份的建构，又要避免因语言变异现象的应用失度而造成的身份建构失衡。

语言变异的适度性原则要求在实施其身份建构功能的过程中避免出现

言语奢化。言语奢化指的是"用词过量、重复堆砌和大量使用极限词,属于言语传播中典型的过度耗用语言资源"。①言语奢化现象的出现,预示着语言拜物思想已经有所抬头,这种思想是语言价值单一的极端表现。尤其在当今社会,当价值观念只集中于物质经济的时候,人们出于对利益的无休止追求,往往会过分强调媒体的语言力量与语言范式的塑造功能。这种过度信息量所承载的负面效应抵消了语言本身所具有的正面效应,从而造成了语言资源的过度消耗。"如果这种情况得到任意发展,社会语言的可信度就会贬值。由市场经济主导的追逐利润机制就会与语言拜物意识共同产生作用,导致新形式语言奢化的泛滥成灾,进而破坏语言民主化进程。"②

第三节 语言变异建构社会身份的规则

语言变异规则就是社会存在规则,这种规则与语言个体所处的语言群体中共同遵守的交际规则紧密关联。语言变异规则的本质是言语使用的恰当性,它使人们能够在各种不同的人、事、地、时的言语使用环境中做到在最低层面上不伤害他人以及在最高层面上使他人按照使用者的言语要求行事。语言变异规则可以分为文化规则、正式规则和变通规则。

一 文化规则

实施语言变异的文化规则(acculturation)指的是语言个体和语言群体在实施语言变化的过程中对语言对象所处语言社会的文化规约的尊重、接纳和适应。

生活方式、行为准则和社会规约潜移默化地影响着人们的价值观念和思维方式,其结果就是同一件事情在不同的语言社会中会出现不同的言语表达、不同的表达方式和不同的表达涵盖。语言的文化规约是各个语言社

---

① 陈春艳:《文化价值观念与言语奢化——兼谈"文革语言"产生的背景》,《湖北成人教育学院学报》2003年第4期。
② 骆爱凤:《现代英语口语中的语体变异》,《韶关学院学报(社会科学版)》2004年第11期。

会所特有的私有财产,是该语言社会赋予其语言的价值,它属于语言的隐性构造,不易为其他语言社会的使用者所发现、接受乃至使用。

任何语言个体或者语言群体在实施语言变异建构其交际身份的过程中,都会发现不同语言社会之间存在很多文化冲击和言语冲突。而无论哪个语言个体或者语言群体都没有理由、也没有现实的方法去改变其语言对象的文化潜意识。由于语言的文化规约属于语言社会的特有财产和社会表征的标记,它在交流和使用的过程中势必产生排他性。这种社会文化本质上的排他性使得各个语言群体都不愿在拥有自身文化的同时接纳另一种文化。因而势必造成这样的结果——代表两种不同文化的语言群体在交际时出现隔阂和言语行为的冲突。所以,在交际双方的文化规约缺少共性基础的条件下,对语言变异的实施应该做到对语言对象的文化规约的回避性遵守,即采取尽量避免触及对方文化禁忌的策略。

二 正式规则

正式规则(formalization)指的是在充分遵守文化规则的前提下,语言个体或者语言群体在实施语言变异建构功能过程中所遵循的语言正式程度。

当一种语言变异为某一特定语言社团认同并接受以后,该语言变异即可成为该语言社团与其他语言社团之间的交际语言。但是由于受到交际事件(material)、交际空间(spatial)、交际时间(temporal)和交际人物(personal)四个变量的影响,交际语言总会在正式与非正式之间波动,并因此产生各种各样的语言变异形式。为了实现语言变异的身份建构功能,必须从语言变异的主管角度掌控其正式程度。

要掌控语言变异的正式程度,就要充分权衡上述四个变量在语言交际中的影响力。语言交际的本质是以言行事,没有人物和事件的存在,就没有交际的存在。所以人物和事件这两个变量在交际过程中是起决定性作用的。因此,对语言变异正式程度的控制应该做到围绕人物和事件的变化而变化,语言变异的正式程度基本决定于对这两个变量的控制。

格莱斯在其合作原则中指出,作为信息传递基本准则的数量和质量,其变化受关联准则和形式准则的制约,而后两个准则受说话者与受话者的制约。在对人的变化观察中,我们认为优先考虑受话者的变化,即对不同的人说不同的话，用不同的语言形式说话，用不同的语气说话。

美国语言学家 Martin Joes 认为，交际双方的权势地位越平等，接触越频繁，感情投入程度越高，所选择的话语就越非正式；反之，交际双方的权势地位越悬殊，接触越少，感情投入程度越低，所选择的话语越正式。他把这种正式程度的变化划分为五个层次：第一，庄重（frozen style）：这种语体非常正式或庄重，一般都有固定的格式，其结构完整严谨，修辞讲究。第二，正式（formal style）：语气客气，用词较为讲究，表示说话双方之间有着一定的距离。第三，商洽（consultative style）：一种半正式的语体，介乎正式语体和随意语体之间。第四，随意（casual style）：非正式场合交际用语体，多使用于谙熟的同学朋友之间，或者亲戚朋友之间不拘礼节的闲聊。第五，亲密（intimate style）语体：仅限于在关系亲密的人群中使用，话语亲切，无任何约束。[①]

三 变通规则

实施语言变异的身份建构功能所应该遵循的另一个规则是变通规则（accommodation），这个规则是在遵循文化规则和正式规则的前提下得以充分运用的交际润滑剂。当语言个体或者语言群体无法确定其语言对象所具有的文化规约，以及无法把握与该语言对象交流的正式程度的时候，双方同时采取适度的变通就可以解脱交际尴尬。

言语交际的首要目的是语言社团推介自己的思想和建构自己的社会身份，因此有效地借助语言变异可以显示自身的价值。以言成事的目的就是希望他人聆听自己的说话，并按自己所说的话去行事。这样，使对方接受自己就变成交际双方的共同目标。在这种条件下，双方都在同时寻求自我价值的实现。当双方的自我价值出现矛盾甚至冲突时，语言交际需要双方对各自的自我价值做出变通——不仅要承认对方的价值，而且要接受对方的价值。这样才能使交际对方承认并接受自己的价值。从这个角度看，遵守变通原则就是通过语言变异表现来展示交际能力。

---

① 骆爱凤：《现代英语口语中的语体变异》，《韶关学院学报（社会科学版）》2004 年第 11 期。

第四章
语言变异建构社会身份的实施

第一节　实施手段之一——语码转换

一　什么是语码转换

维基百科关于语码转换（Code – Switching）的定义：

Inlinguistics, code – switching is switching between one or more language, or language variety, in the context of a single conversation. Multilinguals—people who speak more than one language—sometimes use elements of multiple languages in conversing with each other. Thus, code – switching is the use of more than one linguistic variety in a manner consistent with the syntax and phonology of each variety.

从研究目的、研究方法和对现象认识几个方面分析，语码转换的定义可以分成三类。

第一类，在对被转换的语码的语言单位或者说语言结构的认知基础上认为语码转换与语码混用（Code – Mixing）之间存在区别。持这种观点的学者（如 Auer[①], Hamers & Blanc, Haust & Dittmar, Sridhar, 等等）用语码转换来指称句间的转换（inter – sentential switching），用语码混用来指称句内的转换（intra – sentential switching）。这种区分揭示了语码转换和语码混用在结构方面的差异。

---

① 见书后人物注释20。

第二类，以 Gumperz、Verschueren①等为代表的学者用语码转换来概括句间语码转换和句内语码混用，他们认为语码转换表示语言或语码变化是一个非常普通和受人青睐的策略。

第三类，以 Grosjean 为代表的学者用语码混用来囊括句间语码转换和句内语码混用，这些学者对句间语码转换和句内语码混用不加区别。

从社会语言学的角度分析，语码转换不仅仅指自然语言之间的语码转换，还应包括方言和语体之间的转换，广义的语码转换选择是指在一个多语码的社会对语码的选择和确定，狭义的则指个人在社会交际中对语码的选择。

朗文《语言教学及应用语言学辞典》把语码转换定义为："说话者或写作者从一种语言或语言变体转用另一种语言或语言变体的现象。语码转换可以发生在对话过程中一方使用一种语言，另一方却用别的语言来回答；一个人可能开始时讲某种语言中途却转换成另一种语言，有时甚至一个句子只说了一半就改变语种。"

二 语码转换的分类

社会语言学界在研究语码转换的过程中出现了两类结果：Gumperz 说和 Scotton 说。

Gumperz（1982）根据成因把语码转换分为两大类，即情景型语码转换（Situational CS）和喻意型语码转换（Metaphorical CS）。情景型语码转换是由于改变话题、参与者等情景因素而引起的，受情景和场合的制约，这是一种比较明显的转换，人们习惯于在某种情景下使用某种语言或语言变体，而在另一种情景下使用另一种语言或语言变体。这种转换有时是有意识的，有时是无意识的。喻意型语码转换是由会话本身引起的，是说话者为了改变说话的语气、重点或角色关系而对情景的重新塑造，比如改正规场合为随便场合，改公事关系为私人关系，改严肃气氛为幽默气氛等。Gumperz 的"情景型语码转换"和"喻意型语码转换"实际上是揭示了如下两种变化之间的因果关系：因为一种变化发生（情景或语码变化）而引

---

① 见书后人物注释18。

起另一种变化（语码或情景变化）。

美国社会语言学家 Myers Scotton[①] 用标记模式（model of markedness）将语码转换分为两大类，即有标记的语码选择（marked choice）和无标记的语码选择（unmarked choice）。标记模式理论是目前研究有关语码转换最系统、最成熟的理论，该理论认为：

（1）谈话选用的语言变体具有指示力，指示说话者此时希望与听话者保持符合自己角色身份的权利义务集（rights - and - obligations set），并期望听者也有相同的看法；

（2）说话者语码转换是想与听话者协商权利义务集的手段，此时他遵循的是协商原则（negotiation principle），用来选择只是希望在此刻交谈中维持两人之间权利义务集的语言形式；

（3）说话者在社会规范的引导下是有判断力的行事者，语码转换是一种有目的的、巧妙的言语行为；

（4）在规约化语境中，交谈双方都具备一种"标记性尺度"（the markedness metrics），用来衡量语码选择是否符合社会规范或期望。这种"标记性尺度"具有普遍性，是其内在的交际能力（communicative competence）的一个组成部分。

根据 Scotton 提出的解释语码选择的模式，说话人在任何交谈中都可能作出三种主要的语码选择：

第一种，无标记选择，示意说话人愿意维持交谈双方的现有关系，它与特定语境下所遵循的社会规范是一致的。

第二种，有标记选择，示意发话人要谋求不同程度地否定现有关系。

第三种，多种选择，每一选择都蕴涵说话人对双方的权利和义务关系有相异的看法。在交谈中，发话人与受话人都期待对方运用内在知识来选择语码和理解语码，因而每一选择对发话人是一种手段，对受话人是一种标志。

无标记语码与有标记语码相比更为基本、自然，使用频率更高。所有语码在其使用的社会环境中，都会产生社会和心理的联想。根据这些联

---

① 见书后人物注释17。

想，在同一情境里能为人们所预测到的语码就是无标记的，当语码选择谋求建立一套新的"权利和义务"时，这些选择就是有标记的。

标记模式理论从使用标记性来估算说话者意图这种认知能力出发，探讨了交际能力这一普遍问题，为语码转换研究提供了有力工具。该理论后来被成功地用来解释语言之间、语言和方言之间乃至文学语言的各种语体之间语码转换的动机。

三 语码转换的身份建构功能

（1）引用功能。语码转换的部分是直接或间接的引语，已省去翻译的过程，保持原有的信息与风格。例如很多大学英语教师在指导学生读英文原版书籍的时候通常都这样讲：我希望你们有时间去图书馆借一本 *Sons and Lovers*，还有 *Animal Farm*。通过这种直接的原语码引用来建构自己对英文著作了解丰富的博学身份。

（2）强调功能。用两种语言陈述同一种观点或表达同一意思，以达到强调的效果。这种强调可能是逐字逐句的，也可能有些变化。例如很多英语教师都在课堂教学中的关键环节同时使用汉语和英语，以此加强学生对该环节的印象和理解，同时也建构起自己对教学认真负责的身份。

（3）标志功能。在日常交际中，不同的语码还可以标志不同的社会地位。一个说一口流利普通话的美国人马上就可以建构起他的"中国通"身份；粤语、江浙口音和上海话标志着说话人来自发达和富裕地区，其经济实力身份立即得以构建。而任何一个中国人在交谈中使用流利的外语，都建构着受过高等教育或者具有海外生活经历的身份。自公元11世纪"诺曼征服"以后，英国贵族用法语而不用英语，以显示他们身份地位的不同。

（4）回避功能。当指责对方或者有可能引起不愉快时，通过转换语码可以尽量避免直接的批评指责给对方带来的伤害。例如英语教师在课堂上批评学生时多使用英语的表达方式："not so good"，"no next time"，"not perfect"等等。这种转换语码的说法就是为了使这一批评听起来可以接受，同时建构教师的人性化身份。

（5）吸引功能。用提高嗓门、身体和目光的相互接触等方法吸引听者的注意力，以避免因对方心不在焉而对自己说过的话语进行乏味的重复；或者在陈述、发问、祈使等话语语气类型间的转换以吸引对方注意力。

（6）更新功能。介绍引见新的话语参与者，或者因为对正在讨论的话题不感兴趣而引入新的话题。当几个人正在交谈时，其中一个人突然发现过来一个老朋友。他在把这位老朋友介绍给大家的时候，语调和语气都会显出明显的热情，以此建构这位老朋友被尊重的身份。转变话题的时候也是一样，往往我们处在一个冗长无聊的交谈中时，都要想出一些新颖的话题来打破沉闷。这时采用的提神语气不仅会影响对方，还会建构说话人的慧智身份。

（7）选择功能。在多语言的交际环境中选择适当的语言，在单一语言环境中选择适当的语言变体，在单一的语言变体中选择适当的语汇内容，都可以建构一个机敏、善于交往的身份。

四　实施语码转换应考虑的社会因素

语码转换的实施有时会受到一定的主观和客观条件制约，这些制约条件概括起来有三类：

交际的参与者是制约语码转换的重要因素。参与者的语言知识、语言态度、性别、年龄、地位、身份角色、经历、心理状态等都可能影响其语码的选择。经常出现的情况是，交际的参与者之间的社会差别越大，则语码转换发生的频率越高，身份建构的状况越难以预料。

交际环境是制约语码转换的客观因素。交际环境是指交际的时间、地点、场合（正式、非正式）等。交际中，说话者需根据场合来选择语码。国家之间、地区之间、群体之间、人们之间都有不同的交际环境，都会制约语码转换。

交际过程中涉及的话题及内容也制约着语码的选择和转换。在言语交际中，话题可以不断转换，而话题转换则会相应地引起语码转换。话题和内容基本是由交际参与者决定的，参与者的社会身份差别直接影响着话题和内容，也就间接地制约着语码转换。

交际参与者、交际环境、交际中涉及的话题及内容都是制约语码转换的重要因素，且这三者之间又是相互依存、相互依赖和相互影响的。在实际言语交际中，语码转换可能受到其中一个因素的影响，也可能同时受到它们的共同影响。

第二节　实施手段之二——言语适应

一　什么是言语适应

言语适应（Speech Accommodation Theory）理论由社会心理学家Howard Giles[①]等在1973年提出，要求说话人根据受话个体或者群体的言语风格来实施语言变异行为。Giles及其追随者的研究是在社会心理学的实验环境下进行的，言语适应理论最初只关注言语行为，预测受话个体或者群体对诸如言语趋同、言语趋异、语言保持等言语策略的社会评估。[②] 该理论后来发展成为"情景性互动交际通用模式"（a generalized model of situated communicative interaction），言语适应理论改称为交际适应理论（Communication Accommodation Theory）。该理论认为，语言变异通过展现身份的途径和手段来完成身份建构的社会过程。说话人的语言展示着说话人的身份，其语言的选择决定了说话人身份的选择，两者不可分割。

从语言——身份的向度来看，在不同的交际语境中，甚至在同一个交际过程中，说话人会选择不同的语言变异形式来建构不同的身份，即说话人的身份建构可以通过语言变异这一工具来实现。同时，语言变异又是说话人提供给受话个体或者群体用来认识自己的工具——受话个体或者群体会根据说话人采用的语言变异状况来辨认其身份变化，对说话人身份的认同与否反过来也帮助说话人构建了其身份。

从身份——语言的向度来看，说话人会根据不同的交际语境来预设自己的身份，再根据此身份来选择符合特定身份的语言变异内容。而与此同时，受话个体或者群体对说话人的身份抱有一种语言期待，即受话个体或者群体会根据说话人的已知身份来预期说话人的语言内容。一旦说话人的

[①] 见书后人物注释1。
[②] Giles, H. & P. M. Smith. Accommodation Theory: Optimal Levels of Convergence.

语言内容没有符合听话人的期待，则说明说话人对语言变异的身份建构功能利用失败。①

协调（attunement）是言语适应理论关于交际的关键核心，指说话和受话的个体或者群体根据各自的交际动机来协调或调整自己的言语行为，使双方在交际中处于彼此能够接受的同等地位。协调过程构建了一个动态交际体系，该体系的主要内容是言语趋同和言语趋异。

二 言语趋同

言语趋同（convergence）是改变说话人身份的标志，体现了说话人与受话人身份的相似。在说话人使用不同的言语适应策略中，言语趋同是使用频率最高，也是研究最多的一种交际策略，并被认为是言语适应理论的核心。② 为了获得另一群体或社会身份的人的认同、赞同、接受和喜欢，同时为了提高交际效率，交际者会选择改变自己的言语风格或语体，转而使用受话人的言语风格或语体，即言语趋同，说话人身份随着说话人言语风格的改变而改变。

言语趋同的例子在生活中不胜枚举。读过小说《林海雪原》的人都记得杨子荣扮成土匪打入威虎山的那一段，为了让土匪不怀疑自己的身份，杨子荣在威虎堂上与众土匪唇枪舌剑，满口黑话。其中最脍炙人口的对白就是："脸红什么？""精神焕发""怎么又黄了啊？""防冷涂的蜡"等。杨子荣能够迅速得到土匪认同和接纳，就是采用了言语趋同的身份建构手段，靠说大量的土匪黑话在言语上与众土匪取得了一致，达到了言语趋同。

目前中国社会中很多人都选择基督教作为信仰，可是当他们步入教会时却发现，教会里的人在祷告的时候都在使用与平时说话很不一样的话语。虽然他们说的也是汉语，但是在词汇的选择上，在语言结构的搭配上与日常生活中的语言有很大差别。为了使自己尽快地融入教会这个群体，很多信徒都开始努力地模仿牧师或者教士的话语，于是很快就与教会的会

---

① 栗进英、李经纬：《言语适应理论与身份研究述评》，《外语教学》2010 年第 6 期。
② Giles and R. St Clair（eds.）. *Language and Social-Psychology*. Oxford：Blackwel，1979：45-65.

众形成了言语趋同,得到了教会的认可和接纳。有经验的牧师都知道,圣经里曾经提到过上帝允许信徒用一种叫做"tongue"的语言来进行祷告。这种"tongue"是信徒和上帝交流时单独使用的语言,只有信徒本人和上帝能够听懂。而使用"tongue"一定得是相信基督很多年的人才会得到的恩赐,所以无论一个基督徒到了哪里,只要他能够用"tongue"进行祷告,就会马上被认为是"主内的人",他不仅不会被怀疑或者被认为陌生,而且会被认为是教会中很有资历的人而得到尊重。这种身份就是靠言语趋同的手段来获得的。

三 言语趋异

言语趋异(divergence)也是改变说话人身份的标志,体现了说话人与受话人身份的相异。交际中的一方为了使自己的身份有别于受话人,与受话人保持距离,就会选择使用不同于受话人的言语风格或语体,即言语趋异。言语适应理论中语言维持(language maintenance)策略,指交际中说话人为了表示自己的身份暂时不变,则维持其原来的语言风格。也有人把语言维持视为一种言语趋异,因为交际中说话人的语言维持意味着其言语风格有别于受话人的言语风格。当身份和群体成员资格受到威胁时,言语风格和语言则成为界定社会群体的重要因素,即言语风格和语言成为群体身份最凸显的因素,说话人使用的言语风格趋异和语言趋异可以用来维持群体之间的差异,区分内部群体和外部群体,加强群体之间的界限,并用于辨认内部群体(in-group identification)。[①]

看过电视剧《过把瘾》的人应该都记得,里面一个女性角色每天都在为实现出国的梦想而奋斗着。这位女性顽固地认为外国人在各个方面都要比中国人强,所以她想尽一切办法使自己看上去是一个外国人,她的语言就是一个极具代表性的特征。虽然不会说英语,但是凭着她平时对见过的那些外国人的观察和模仿,她居然能够说出一口洋味儿十足的"普通话"。这种言语趋异的做法最终给她建构了一个"假洋鬼子"的身份,原来的中国朋友不愿意理她,她又没有结识什么外国朋友,最终把自己弄得人不人

[①] Giles, H. & P. M. Smith. Accommodation Theory: Optimal Levels of Convergence.

鬼不鬼。

据了解，在新加坡，官方规定有三种语言可用——英语、汉语和马来语。但是由于经济和历史的原因，新加坡人都有一种排华情结，他们不仅歧视华人，而且歧视讲汉语的人。在这种环境下，很多华人为了摆脱自己受歧视的身份都努力地改说英语和马来语。这种手段，对于新加坡社会来讲是言语趋同；而对于华人社团来说则是言语趋异。但是无论是言语趋同还是言语趋异，都是在实施言语的身份建构功能。

第三节　实施手段之三——委婉用语

一　什么是委婉用语

委婉用语（euphemism）的语言学定义是"表达某种令人不愉快的想法时而采用的一种让人舒适，不太直接的表达方式"。委婉用语是一种用曲折委婉的方式表达说话者思想的特殊语言表达方式，其最重要的特征就在于运用比较抽象、模棱两可的概念或比喻的、褒义的手法，使谈话的双方能够采用一种比较间接的方式来谈论不宜直说的事，而且不必为讨论这些事感到内疚。

委婉用语是语言变异的一个重要组成部分，是从词语运用技巧及表达效果方面对语言变异的归类。委婉用语通过在语言交际中对表达所用词语进行适当调换做到表达适度，既文雅得体，又礼貌含蓄。说话人在词语辨识、选择和调配时注意体察受话个体或者群体的心态情感，同时积极调动和组织自己的语言积累和认知储存。在最大程度上减轻对受话个体或者群体的刺激，求得其心理态势的认同和共鸣。

二　怎样说出委婉用语

模糊用语：模糊词汇指的是含糊程度很高的词（如 thing，it，problem，matter），模糊词汇的特性是外延越大意义越模糊，外延越小则意义越明确。模糊词汇的特点是一般性、不确定性、不明确性。因而能够用在几乎所有的禁忌词汇上。所以，使用模糊词汇的办法是语言学界认为能够产生委婉用语的最常用手段。

模糊语义的办法常用于交际当中。当说话者想要避开所指称的事物时，往往都故意采取换用一个概念外延过大、有多种意义的词语，或者用某种语法手段增加词语内涵的不明确性，以此来达到模糊其真实所指的目的。

使用模糊词语的一个明显例子就是把具体的事例用 it 来取代。比如某人在工作时间接到朋友的电话邀请，晚上一起去酒吧寻欢作乐。他心里非常愿意去，但这件事如果让办公室里的同事们知道了就会对他有不好的印象。于是他在听对方说完话之后说了一句：thank you, I would like it very much，就挂断了电话。

语用模糊即谈话话语的不确定性，说话人让听话人对其话语的意图有两种或两种以上解释的目的是为了让听话人为其承担由该话语引起的后果的一部分责任，使自己处于进退自如的地位。

当两个人在一个群体中要谈及只有他们两个人知道的私事时，一般都采用这些意义模糊的词语来指代。比如说汉语的人都会用"你今晚去吗？"来互相打探。当然，英语里的"Are you coming？"也具有异曲同工之妙。

避实就虚：这个方法通常指的是当我们遇到很难回答的问题，或者只要直接回答问题就会对别人造成冒犯的时候，通常都不直接回答对方的问题，而是采取用一种无关痛痒的回答来进行暗示。

比如家长问几个孩子谁吃了厨房里的西瓜，大家都知道是汤姆吃的。但是如果直接回答是汤姆，回过头来汤姆肯定要找自己的麻烦。于是有的孩子一边摇头一边说"不是我吃的"；有的孩子说"我不知道厨房里有西瓜啊"；有的孩子说"我刚从学校回来"。

再看这个例子：汤姆去问老师他的作文写得怎么样，老师不想打击他的学习积极性，但是汤姆的作文又写得不好。这时老师可以这样回答：你的字写得倒是蛮漂亮的啊！

上面两个例子都说明了避实就虚的手法在委婉用语方面的应用，这种手法的后果就是很好地避免了尴尬情形的发生，建构了自己和谐、睿智的身份和形象。

借用词汇：在交际的过程中借用其他语言的词汇，可以让受话个体或者群体理解说话人想要表达却不好表达的隐讳意义。外语词汇的借用还可以表达微妙的情感，提升会话的高雅氛围，暗示交际双方的社会地位等。

电影《黄飞鸿》中有一个感人的镜头：当黄飞鸿想对十三姨表述自己的感情时，实在不好意思说出"我爱你"这几个让中国人听起来十分尴尬的字，于是他情急之下说出了"爱老虎油（I Love you！）"。这种借用外语词汇的做法很聪明，既避免了尴尬，又表明了自己的爱意。这种委婉的借用词汇法，建构了黄飞鸿憨厚又不失机敏的身份形象。

交谈预警：所谓预警式交谈，就是在说出自己的真正想法之前，先否定自己的直接目的。这样既可以让对方接受，又可以建构自己的友好身份。

例如：

"这位大哥，我可不是嫌你不干净啊，我们这儿不让穿带泥的鞋进来。"

"大姐，我不是不尊敬你，可是你刚才说的话实在是不好听啊。"

"I don't mean anything rude, but you'd better not say that again."

提前放松：在有求于别人时，先极力地把自己的请求说成是很微不足道或者很轻而易举的事情，使对方在心理上放松，再说出你的请求。

例如：

"真是很感谢你能帮我这么大忙，可是我还有一个小小的请求，你看行吗？"

"没想到会在这儿遇到您，真是太巧了，我正想找您呢。有点事儿想麻烦您，就一点点小事儿，您也就是举手之劳。"

否定表述：委婉词常常用一个相反意思的否定来代替一个肯定的词。这一点形同于逻辑学上的"否定之否定等于肯定"，是一种很具有技术含量的语言变异表示法。

比如我们知道一个人在说谎，却又不好意思当面戳穿他，一般都不会直接说：You are telling a lie. 而是采取一种否定的词汇：You are talking about something untrue. 对于某人的品行无法容忍时，我们不说：I can't bear it。而是说：I don't think that is acceptable.

教师在接待家长时都会努力地夸奖孩子的优点，但是对于孩子的不足往往不直接指出："您的宝宝在卫生方面做得还不是很好"，"这孩子要是再多吃点饭就好了"等等，都是以否定的形式来委婉地表述。

三 使用委婉用语应处理好与语用原则的关系

遵循礼貌原则：使用委婉用语的根本目的就是使对方感到说话人很和善、不强迫他人、不使人无台阶可下，所以委婉用语是人们在社会生活中为了遵循礼貌原则而常常采用的一种语言变异方式。

• 遵循策略准则：说话者为了能顺利地达到交际的目的，往往需要策略地使用语言，这就意味着礼貌地使用语言。当很多人们不愿意或害怕的事情不可避免地发生时，人们就会用一种间接的、含蓄的方式来表达。这就需要使用委婉用语来避讳令人不愉快的词语，谈论不宜谈论的话题，其最终的目的是尽量不损及他人，因而遵循了策略准则。

• 遵循宽宏准则：人们在会话语言的使用上因语言理解不当而引起会话双方关系紧张的例子屡见不鲜。使用委婉、礼貌的表达方式在一定的程度上不仅可以拉近会话双方的关系，而且能达到事半功倍的效果，使会话者能顺利地达到自己的目的。这种委婉用语符合礼貌原则中慷慨准则的"尽量减少对自己的益处，尽量扩大自己付出的代价"。

• 遵循赞扬准则：日常交际中，为避免冒昧和不礼貌，人们常使用美好动听的、温和婉转的话语来掩饰一些粗俗不堪、令人不快的话语以避免伤害受话方的感情。这些委婉用语从礼貌原则的赞扬准则出发，"尽力缩小对他人的批评，尽力夸张对他人的表扬"，从而提升他人的地位，增强他人的自尊心。

• 遵循谦虚准则：处于交际过程中的双方往往为了表示谦恭都会在说话时使用大量的谦辞和敬辞来称呼对方，以此表示对对方的尊敬。谦辞和敬辞是委婉用语的重要形式，在会话中对这类委婉用语形式的使用能够使交际活动得以顺利进行，这些委婉用语的使用显然遵循了谦虚准则。即"尽力缩小对自己的表扬，尽力夸张对自己的批评"。

- 遵循赞同准则：当人们在交际中表示分歧或不同的时候，交际双方会对交际策略进行控制，选择最恰当的交际策略表明意图，委婉用语集中体现了这一规律。这些委婉用语的使用遵循了礼貌原则中的赞同准则。即"尽力缩小与他人的不同意见，尽力夸张与他人相同的意见"。

- 遵循同情准则：委婉用语的一个重要的功能是在交际中避免冒昧和失礼，当迫不得已时，尽量选择委婉用语以避免伤害对方的感情，尽量表达出对别人的同情。会话者使用这些委婉用语可能是出于同情、怜悯或不想引起对方对自己的厌恶感，从而把伤害降到最低点。因而遵循了礼貌原则中的同情准则"尽力缩小对他人的厌恶，尽力夸大自身对他人的同情"。

违反合作原则：委婉用语是说话人为了避免对受话个体或者群体造成伤害，通过使用间接、晦涩的话语来代替直接、生硬的言辞，以达到礼貌、文明的目的。委婉用语的这种特性决定其必然违背合作原则的四个次准则。

- 违反量的准则。委婉用语以委婉礼貌代替了歧视与尴尬，在半遮半掩，轻重虚实间让听者揣摩体会语言背后微妙含蓄和善意的用意。因而，委婉用语常用来表示对他人的尊重，减弱对他人的批评，使刺激性的信息趋于宽泛，将对方的反感情绪降到最低限度。

- 违反质的准则。委婉用语的动听性使得它在使用过程中要违反质的准则，把不好的进行美化。于是，委婉用语被大量使用来掩饰社会中令人不快的真相。

- 违反关系准则。委婉用语的语言形式应与所指物之间有一定的联系，但由于种种原因，说话人故意采用一些与谈话主题无关的词语或表达形式，迂回地、间接地涉及谈话。

- 违反方式准则。委婉用语的间接性使得它在使用过程中要违反方式准则，使表达变得模糊，从委婉用语的定义可知，委婉用语实际上就是使用一种模糊的改变说法的表达方式，以代替直率地、确切地表达某种不愉快的实话。

第四节　实施手段之四——语言民主化

既然语言具有建构社会身份的功能，就会被人们以各种目的所利用。该功能的正确利用可以缓解社会矛盾、促进社会和谐，否则就会激化社会矛盾，甚至给社会带来混乱。为确保语言的建构功能得以正确利用，就必须遵从以价值中立为宗旨的语言民主化策略。

一　什么是语言民主化

语言民主，就是在语言种类的选择上采取价值中立。不同的语言存在着结构类型方面的差异，具体表现为语言在其结构的某一个方面相对简单，而在另一个方面却相对复杂。费尔克拉夫[1]指出，"由于社会、历史、经济、文化和科学技术等方面的差异，不同的语言中会有不同的词汇分布及词语引申方式。但是，尽管存在着这些差异，只要是被使用的语言，就都具有相对完整的结构系统和有序的语法体系，只不过是不同语言在满足各自的交际需要时所采用的表达方式和特点不同而已。"[2] 因此，在对待任何一种语言时都不应该带有歧视观点，都应该采取价值中立的公平态度，允许多种语言建构多种社会身份。

语言民主化指的是在实现民主社会的过程中语言所起到的作用。通过推进语言民主化，我们可以消除语言权利、语言义务和人类群体声望方面的不平等和不对称。[3]语言民主化的目的是在公平的语言权利基础上形成多种身份建构，以民主的方式实现各种语言之间的权利平等，避免人为因素造成的语言等级差别，促进各语言群体之间的平等交往与和谐共处。

二　语言民主化的标准

英国语言学家诺曼·费尔克拉夫认为应该从以下五个方面来考察一个

---

[1] 见书后人物注释21。
[2] 王远新：《论语言功能和语言价值观》，《湘潭大学学报（哲学社会科学版）》2008年第5期。
[3] 费尔克拉夫：《话语与社会变迁》，殷晓蓉译，华夏出版社，2003，第187页。

社会的语言民主化状况:

(1) 标准用语与社会方言之间的平等。社会方言逐渐取代标准用语的趋势可以表明语言的民主化进程。因为社会方言的广泛使用,意味着对标准用语的使用偏离,其发展趋势就是对标准用语的语言霸权的摆脱。

(2) 主流语言的语言主体与非主流语言的语言主体的平等。指的是使用非标准用语或者社会方言的人成为语言主体,这代表着那些有名望的、有权利的语言主体的民主化。

(3) 在具有不平等的权力关系的机构话语类型中消除明显的权利标志。所谓机构话语,指的是在等级机构中,由于权利关系不平等而形成的约定俗成的话语关系。在具有不平等的权力关系的机构话语中消除明显的权利标志,就是对等级制度和权利不对称的公开标志的消除。

(4) 偏向非正式性语言的趋势。在正式的话语交际类型中,权力等级和地位的不平等表现得最为明显。偏向非正式性语言的趋势,即口头谈话式交际方式取代文本礼仪性交际方式的趋势,即从狭隘的个体领域交流向广泛的公共领域交流扩散的发展趋势。

(5) 语言使用过程中性别关系的平等,即指男女两性在语言主体占有方面的机会均等。[①]

按照上述几个方面的要求,语言民主化可以被归纳为两个方面:

其一,各种语言在语言社会中都享有均等的使用机会,任何语言都不应因其使用的人数少或者层次低而遭到摒弃,都有建构自己语言身份的权利。一些语言学家和社会学家认为,在所有的语言种类中,某些语言具有更进化、更开放的结构,因此在表达思想和抽象思维方面更适合;某些语言则因其结构相对原始和简单而不利于这方面的表达。"实际上,任何一种现存的语言都经历过长期的演变过程,并在特定的社会文化条件下得到不断发展。这种演变过程带来的结果是只有本族语才能最好地满足本族成员的表达需要,才能更真实地表达民族自身的文化。任何一个民族,无论其居住地如何封闭,其文化如何'蒙昧',都拥有自己的语言。"[②] 这种语

[①] 费尔克拉夫:《话语与社会变迁》,殷晓蓉译,华夏出版社,2003,第187页。
[②] 王远新:《论语言功能和语言价值观》,《湘潭大学学报(哲学社会科学版)》2008年第5期。

言在结构的复杂性、形式的系统性、使用的灵活性和表达的完整性方面，都与公认的、"文明"和"先进"的语言大致相同。

其二，持各种语言的人都在语言社会中享有均等的话语权，任何人都不会因为自己的语言不是主流语言而丧失其话语权和身份建构权。"语言研究的传统价值取向认为，总要有某种语言的价值高于其他语言价值，这种拥有'最高价值'的语言往往指的是'书面语'或'标准语'。'标准语'的价值必然高于'方言土语'、'俚语'、'俗语'、'官话'、'土话'等语言形式。'标准语'的用法是'约定俗成'的，必须得到遵从；其他语言形式的用法是'有伤大雅'的，必须予以回避。"① 该价值取向认为使用"标准语"才是正确地使用了语言，只有"标准语"才具有最高话语权。该观点忽略了人类语言多样性的客观现实，因为语言的重要功能之一是表现个性。实际上，任何语言都有特定的历史文化作为背景，都在努力追求自己独特的风格，所谓的"标准语"追求的是语言上的千篇一律，因此无法满足语言文化的多样性，在推广和普及的过程中必然会遇到阻碍。

三　语言霸权与身份的偏向性建构

语言民主化进程在社会中的推进趋势是对社会"标准语"的偏离，其目的是达到摆脱"标准语"所拥有的语言霸权。这个趋势的具体表现是社会方言的不断壮大，"标准语"的不断退缩。各种社会方言的使用者与其不同的口音、用词和语法逐渐进入公共社会，建构各自的语言身份，并在公共功能范围内得到广泛的接纳。

以"文革"时期的语言现象为例，"文革"社会中的语言现象形成了语言霸权，违背了语言民主化中有关语言和社会方言之间关系的发展趋势。"文革语言"的出现，在当时的"文革"社会中形成了一种新的"标准语"。这种新的社会"标准语"在当时社会政治形势的支撑下，迅速建立了自己的语言霸权。高校英语教师在"文革语言"基础上创造出来的"文革英语"，其实就是英语版的"文革语言"。两者从表面上看是两种不

---

① 王远新：《论语言功能和语言价值观》，《湘潭大学学报（哲学社会科学版）》2008 年第 5 期。

同的语言，但是从语用功能角度分析，都拥有同样的语言霸权。

"文革语言"和"文革英语"以横扫千军的态势，击溃了当时社会上其他所有的语言形式，造成了一个"唯我独尊"的语言霸权。在"文革"社会里，不讲"文革语言"就会被视为政治反动，就是对革命的态度不端正。高校英语教师如果不讲"文革英语"，就是"崇洋媚外"、"里通外国"，就会被打倒甚至丧命。在这种政治高压的环境下，"文革语言"和"文革英语"成了独霸一方的社会"标准语"，拥有"不说就死"的、绝对的语言霸权，那些"文革语言"和"文革英语"的使用者也因此建构了自己的语言霸权身份。

"文革语言"和"文革英语"在以政治高压逼迫人们服从其语言霸权的同时，绝对不允许其语言主体出现任何形式的改变。"文革语言"永远是"红五类"等"革命人民"的语言，"文革英语"永远是"革命的"高校英语教师的语言。不具备这样的政治身份，就不可能成为"文革"时期的语言主体。无论"文革语言"还是"文革英语"，都因为其浓厚的社会政治背景而变得"神圣不可侵犯"。① 这种语言主体的"独一无二"，形成了"文革语言"和"文革英语"语言表达形式的僵化和内容的枯竭。由于任何被迫使用"文革语言"和"文革英语"的人都必须循规蹈矩、不敢越雷池一步，那些"使用非标准用语或者社会方言的人"就根本没有可能成为语言主体。

语言民主化要求"在具有不平等的权力关系的机构话语类型中消除明显的权利标志"，即在语言使用中对等级制度和权利不对称的公开标志的消除。"文革语言"和"文革英语"反其道而行之，非但没有消除不平等的标志，反而对其大树特树，通过语言的使用人为地制造了社会中的不平等，形成了语言身份的巨大差别。"文革"期间，按照当时极"左"的唯成分论标准，人们被划分为"红五类"和"黑五类"。② 只有被确定具有"革命"资格的人才会被认为是"革命者"，才可以讲"文革语言"。而那些"黑五类"由于出身的缘故，被直接划入"被革命者"的队伍之中，丧

---

① 陈如芳：《"文化大革命"中的"口号"研究》，《党史博采（理论）》2007年第7期。
② 陈长峰：《"文革"时期普通知识分子的抗争述论》，《传承》2008年第14期。

失了讲"文革语言"的资格。

高校英语教师也是一样，那些被认为是"革命者"的人，还可以继续留在讲台上授课，可以有资格传播他们依据"文革语言"编造出来的"文革英语"。而那些出身不好的"黑五类"教师则从高校讲台上被驱赶下来，不是被强迫改行、劳动改造，就是被关进牛棚、接受批判。在这种处境之中的高校英语教师，已经彻底地失去了自己的知识分子身份，成为不得不接受时代改造的"罪人"。在"文革"这样的阶级界限分明、权利分配极为不公的社会环境下，"文革语言"和"文革英语"本身就是"文革"社会中等级关系的权利标志。人们因为讲不讲"文革语言"和"文革英语"而被明显地归属于不同的阶级，形成了等级制度和权利不对称。

偏向非正式性语言的趋势，即用口头谈话式的交际方式取代文本礼仪性的交际方式的趋势。其判断标准如下：话语交际类型越正式，权利等级和地位的不平等表现就越明显。"文革语言"中出现过一种极为特殊的变异形式，就是"口号"，这种几乎等于单向交际的语言形式直接造成了交际双方的不平等。

"口号"在"文革语言"中的使用达到了登峰造极的地步，不仅种类繁多、词汇丰富，而且很多口号用语都非常极端和盲目。按照不同的用途，"文革"中的口号可以分为以下几类。

（1）崇拜类："把对毛主席的忠诚，融化在血液中，铭刻在脑海里，落实在行动上"；"忠于毛主席，忠于毛主席思想，忠于毛主席的革命路线"；"对毛主席要无限热爱、无限敬仰、无限崇拜、无限忠诚"；"读毛主席的书，听毛主席的话，照毛主席的指示办事，做毛主席的好战士"。

（2）斗争类："谁敢反对毛主席，就砸烂谁的狗头！"；"与天斗，其乐无穷；与地斗，其乐无穷；与人斗，其乐无穷。""宁要社会主义的草，不要资本主义的苗"；"横扫一切牛鬼蛇神"。

（3）觉悟类："革命战士是块砖，哪里需要哪里搬"；"狠斗私字一闪念，灵魂深处爆发革命"；"公家的事再小也是大事，个人的事再大也是小事"；"苦不苦，想想红军二万五；累不累，想想革命老前辈"。

（4）指示类："农业学大寨，工业学大庆"；"抓革命、促生产，深挖洞、广积粮、不称霸"；"路线是个纲，纲举目张；知识青年到农村去，接受贫下中农再教育,很有必要";"广阔天地,大有作为"。①

"文革语言"和"文革英语"在"文革"期间以唯我独尊的"标准语"形式树立了语言霸权,形成了僵化的语言主体,制造了语言中的不平等权利关系,以语言的正式性取代了非正式性。这些特征完全与语言民主化的主张背道而驰,破坏了语言民主化的核心观点——价值中立。"文革英语"通过上述破坏语言民主化的方式建构的高校英语教师的社会身份,实质上是一种趋炎附势、恃强凌弱的语言霸权身份。这种身份在当时确实起到了拯救高校英语教师命运的作用,但也是高校英语教师以自己的尊严和事业为代价换取的一个令人鄙视的身份。

从历史的角度看,高校英语教师通过"文革英语"建构的是一个与知识分子形象完全相反的身份,属于身份的历史性倒退。出现这种倒退的根本原因,就是"文革英语"对语言民主化"价值中立"策略的破坏和语言霸权的形成。

因此,"文革英语"建构高校英语教师身份的过程中,其树立的语言霸权破坏了语言价值中立策略,破坏了多种语言使用者的身份建构,破坏了语言民主化进程,其实质是破坏了实现民主社会的语言策略。

四 语言奢化与身份的单一性建构

"文革"社会的语言现象由于"用词过量、重复堆砌和大量使用极限词,属于言语传播中典型的过度耗用语言资源"②,这种语言变异现象被称为言语奢化。

由高校英语教师创造并争先恐后使用的"文革英语"与"文革语言"如出一辙,其言语奢化程度都很严重。由于"文革"形势的高压,是否使用"文革英语"或"文革语言"是判断一个人政治态度的标准,讲这种语言和不讲这种语言,给人们带来的是命运上的极大差别。"文革英语"和"文革语言"独霸一方,压制了其它语言形式的使用,建构了"文革"社会单一的语言身份。

---

① 陈如芳:《"文化大革命"中的"口号"研究》,《党史博采(理论)》2007 年第 7 期。
② 陈春艳:《文化价值观念与言语奢化——兼谈"文革语言"产生的背景》,《湖北成人教育学院学报》2003 年第 4 期。

突出政治带来的结果是一切与政治有关的东西都受到重视,"文革英语"和"文革语言"由于自身明显的政治色彩,得以在"文革"社会中恣意横行。而与此同时,那些使用其他语言的人则完全丧失了其话语权。擅长文学语言和社会语言、精通交际语言和礼貌语言、痴迷科技语言和学术语言的群体,都在"文革英语"和"文革语言"咄咄逼人的态势下退避三舍。至于那些持方言土语、宗教语言的人更是在"文革英语"和"文革语言"的冲击下望风而逃,销声匿迹。"文革语言"和"文革英语"所造成的语言奢化现象严重背离了语言民主化的发展趋势,既剥夺了其他语言被使用的权利,又剥夺了使用这些语言的人通过语言建构自己身份的权利。

这种"一言当关,万言莫开"的霸权局面,带来的是语言建构社会身份的单一化,其结果是对人们思维的禁锢和对民主化进程的阻碍。"文革英语"和"文革语言"从反面说明了语言身份单一对社会的危害,从而证明了这样一个观点:要实现语言民主、解放对语言的限制和思维的禁锢,就必须在全社会彻底杜绝由言语奢化造成的语言身份单一现象。

言语奢化现象的出现预示着语言拜物思想已经有所抬头,这种思想是语言价值单一的极端表现。尤其在当今社会,当价值观念只集中于物质经济的时候,人们出于对利益的无休止追求,往往会过分强调媒体的语言力量与语言范式塑造功能。这种过度信息量所承载的负面效应抵消了语言本身所具有的正面效应,从而造成了语言资源的过度消耗。"如果这种情况得到任意发展,社会语言的可信度就会贬值。由市场经济主导的追逐利润机制就会与语言拜物意识共同产生作用,导致新形式语言奢化的泛滥成灾,进而破坏语言民主化进程。"[①]

因此,推进语言民主化,并在这个进程中坚持语言民主化发展的正确方向,认真把握语言民主化的几个方面,就会从理论上杜绝语言奢化和单一语言身份现象的发生,使社会的民主化进程在语言手段的推动下得到健康发展。

[①] 骆爱凤:《现代英语口语中的语体变异》,《韶关学院学报(社会科学版)》2004年第11期。

第五节　实施手段之五——语言技术化

语言技术化的关键在于语言调节。语言在交际中调节人与人的相互关系，在思维中调节人们的思想和行为，最终实现身份的语言调节。"语言的身份调节功能主要表现为个人身份的自我调节、人与人之间的身份调节、人与群体之间的身份调节和群体之间的身份调节。"[①] 通过语言调节，可以建构出一种不同的社会身份，从而化解因语言暴力等形式引发的社会矛盾。

一　什么是语言技术化

语言技术化指的是在语言使用过程中，为达到某些预期效果，通过有意识地设计技术手段而引起语言变化。它包括四个方面技巧：

（1）对语言交流中间接表达出来或者暗示出来的意思予以认可并作出反应，它尤其侧重于进入其他人的感觉、心理状态、个人想法和动机等领域的技巧。俗话说"言为心声"，每个人的言语都是自己内心世界的自然流露。如果在语言交流中注意对方的语言暗示，就会从心理上与对方产生共鸣，按照社会心理研究的言语顺从心理，逐渐引导对方走出思想误区。

（2）将对抗性的谈话转变成合作性的、协同性的谈话，其中包括对管理者意见的不赞同和反对意见的表达，对其他人表示赞赏和理解的方式，缓和对其他人批评的方式。言语对抗很容易导致语言暴力现象发生，在交际中注意调整语言态度，合理选用语词、语句和语调，就会消除言语对抗，进而起到化解语言暴力的结果。

（3）如何挑战在谈话中被当作理所当然的假设问题。理所当然的假设就是在没有合理推论的前提下产生的武断思维，这种现象极易造成交际双方的误解，从而导致交际对抗，引发语言暴力。对这种理所当然的假设的挑战，就是运用合理的交际策略，指出对方观点的武断之处，合理化解语

[①] 王德春：《论语言的调节功能》，《外国语（上海外国语大学学报）》1991年第3期。

言暴力。

（4）控制和改变话题，特别是从分析过去的失败转变到制订未来的计划。这是化解语言暴力的最后途径。交际中往往会出现因语言对抗而产生的语言僵持，这是语言暴力的消极存在形式。打破僵局的唯一办法就是转换话题，以更换交谈内容的办法化解语言暴力。①

综合分析语言技术化的四个方面，其理论实质是平息语言矛盾，实现言语交流的成功。也就是说，语言技术化是身份建构实施语言调节、化解语言暴力的科学手段。

二 语言技术化与语言暴力

对语言暴力的定义主要分为以下几种："从理论上讲，语言暴力就是用语不符合逻辑和法律规范。使用语言暴力就是以语言霸权的形式，通过不讲逻辑、不守法度的语言风暴，达到孤立和剥夺他人，对他人造成伤害。"②另外一种看法认为语言暴力是"使用嘲笑、侮辱、诽谤、诋毁、歧视、蔑视、恐吓等不文明的语言，致使他人精神上和心理上感受到痛苦或伤害"。③还有把语言暴力看作"以语言为武器进行人身攻击与生命摧残的暴烈现象，也可界定为暴力在语言的表现"。④

语言暴力可以分为几种类型。

（1）语言伤害型。指通过无中生有、造谣中伤、滥起绰号、污言秽语、恶意攻击等形式，以粗暴、侮辱、威胁、诅咒等语言给对方心理造成伤害。

（2）语言欺诈型。指玩弄语言游戏，不顾实际情况夸夸其谈，以达到蒙骗对方的目的。

（3）语言庸俗型。低层次的语言类型通过被模仿而得以泛滥，对社会和个人都会产生巨大的负面作用。

---

① 费尔克拉夫：《话语与社会变迁》，殷晓蓉译，华夏出版社，2003，第202页。
② Stuart Chase. *The Tyranny of Words*. New York: Harcourt, Brace and Company, 1938.
③ 转引自《南国都市报》2006年2月10日。
④ 转引自《警惕语言暴力》，天涯社区（www.tianya.cn），2004年5月23日。

参考资料:"文革语言"暴力

语言暴力的典型例证就是"文革"社会中出现的语言现象,通过对这些语言现象的研究,可以全面了解语言暴力的含义和特征。

刁晏斌把"文革"社会的语言现象归结为四类:

第一类,能给对方造成"倒霉"后果的攻击性言辞。它既可以发泄使用者强烈的激愤,也表达了对对方的强烈震慑。如"狠斗、狠批、火烧、油炸、油煎、横扫、连根铲除",还有"烧成灰烬、斩草除根、头破血流,粉身碎骨",以及"揪出来、揍个稀巴烂、打得粉碎、踩在脚下"等等。

第二类,采用比喻方法把人比作可憎恶之物,以达到丑化、诋毁对手和发泄自己仇恨的詈骂性言辞。如"妖魔鬼怪、牛鬼蛇神、流氓、狗崽子、黑爪牙、鹰犬、黑帮、毒虫、应声虫、害人精、魔鬼、走狗、僵尸、鬼话、黑手、黑心、狗头招牌、烂货、死猫烂狗、狗命、阎王殿、歇斯底里"等等。

第三类,侧重于表示批判或斥责性评价和描述的贬斥性言辞。如"肮脏、包庇、卑鄙、背叛、猖狂、丑恶、篡夺、毒辣、恶毒、阴险、狂妄、下流、虚伪、愚蠢",还有"十恶不赦、口是心非、陈词滥调、居心叵测、包藏祸心、死灰复燃、同流合污、众叛亲离、危言耸听、兴风作浪、阳奉阴违、花言巧语、两面三刀"等等。

第四类,表达了强烈的敌意与蔑视的威胁性言辞。如"不管你们是上天还是入海,我们都要穷追到底,你们是绝对走不了,溜不掉的!""你们跑到哪里,我们就追到哪里;你们越跑,我们就越狠狠地打。""谁胆敢摘去我们心中的红太阳,我们就和他们拼命!把他们砸个稀巴烂!""我们只许左派造反,不许右派造反!你们胆敢造反,我们就立即镇压!"等等。[①]

"文革"社会的语言现象所表现出来的语言暴力具有如下特征:

第一,外显性和直接性,即语言暴力的去装饰性。从"文革语言"的几个方面可以看出,语言暴力之所以能够成为一种暴力,在于它具有其他暴力形式的基本特征——暴力的直接施受。"文革语言"由于具有"文革"

[①] 刁晏斌:《略论"文革"时期的语言暴力》,《江南大学学报(人文社会科学版)》2007年第4期。

年代产生的强大的政治背景作为支撑，它可以随意选择任何与当时政治形势不相符合的人和事，把它们作为敌对目标，并且不加任何掩饰地发起正面攻击。"文革语言"以赤裸裸的暴力语言模式，对其攻击对象实施严厉打击。由于其打击的对方根本没有反应和抗辩的能力，所以它完全不考虑对方的感觉、心理状态和个人想法，因此也就没有必要去搞所谓的间接表达或者暗示。

第二，对抗性，即语言暴力能够激化矛盾的特性。实施语言暴力的目的是向对方发起挑战，对其精神或者意识进行打击。语言暴力的结果是激化与对方的矛盾，即形成与对方的对抗。而且，这种对抗性会随着语言暴力程度的升级而逐步增强，最终造成对抗双方原有的合作和协调可能性完全丧失。"文革语言"是社会政治化的产物，它打击的对立面往往都是在"文革"运动中被认为是"反动"的和"反革命"的，都是当时"无产阶级专政"的对象。在"文革"这个政治极为敏感的社会里，政治上公然对立的双方是无法合作与协调的，他们之间存在的关系只能是对抗，对抗的结果是其中一方的消亡。

第三，独断性，即语言暴力的自以为是的特性。这个特性集中体现在对对方的刻意诋毁和肆意攻击上。"文革英语"中出现的大量让人不敢质疑的假设命题就是语言暴力独断性的证明。比如"文革语言"第二个归类"詈骂性"中提到的那些词语，都是"革命者"对"被革命者"极其武断的污蔑和侮辱。对于"革命者"来说，只要认为某一"被革命者"是"妖魔鬼怪"，那么他就是"妖魔鬼怪"；认为他是"害人精"，那么他就是"害人精"。这种语言方面的独断性，不会留给对方任何争辩机会，说你是什么，你就是什么。

第四，顽固性，即语言暴力盲目横行的特征。语言暴力一经实施，就一发不可收拾，它的直接性、对抗性和独断性决定了其盲目自大、横行霸道的特性。虽然它是以语言的形式实施，但是其内容的攻击性始终不变。它不会在逐步地检讨自身内容的情况下作出修正和调整，只会顽固地坚持其内容和主张，通过暴力的形式不断发起冲击。"文革语言"中的"威胁性"特点就完全属于语言暴力的这个特征，它不仅在现在威胁对方，而且会一直顽固地把这种威胁持续下去，直到对方失败，或者自己失败。

三 语言技术化与"文革语言"暴力

把语言技术化的四个技巧与"文革语言"暴力的四个特征相比较，会发现他们之间具有极其明显的对称性。

语言技术化的第一个技巧是"对语言交流中间接表达出来或者暗示出来的意思予以认可并作出反应，它尤其侧重于进入其他人的感觉、心理状态、个人想法和动机等领域的技巧"。这个技巧的突出性质就是内隐性，即通过彼此的默契来实现语言化解矛盾的功能。而"文革语言"暴力的第一个特征就是外显性和直接性，这正是语言技术化的第一个技巧所要消灭的语言特征。

语言技术化的第二个技巧是"将对抗性的谈话转变成合作性的、协同性的谈话，其中包括对管理者意见的不赞同和反对意见的表达，对其他人表示赞赏和理解的方式，缓和对其他人批评的方式，等等"。文革语言暴力的第二个特征是对抗性，与这个技巧中提到的"合作性"、"协调性"正好相反。

语言技术化的第三个技巧是"如何挑战在谈话中被当作是理所当然的假设问题"，其中提到的"理所当然的假设"就是自以为是。"文革语言"暴力的第三个特征恰恰是"独断性，即自以为是的特性"，正是第三个技巧要解决的问题。

语言技术化的第四个技巧是"控制和改变话题，特别是从分析过去的失败转变到制定未来的计划"。"控制和改变话题"与"文革语言"暴力的第四个特征"顽固性"针锋相对。

四 语言技术化的实施局限

语言调节是在一定限度之内进行的调节，它的实施前提是语言调节主体身份的稳定性。一旦这个主体身份受到冲击，语言调节就难以把握其预期水准和实施路径。语言调节过程的实质是通过调节手段以一部分语言内容替换另一部分语言内容，其中调节部分和被调节部分之间所拥有的语言权利必须是平等的。

比如说，"文革语言"暴力是一种不可调节的语言暴力，原因在于它的语言霸权性质。"'文革语言'和'文革英语'以横扫千军的态势，击溃了当时社会上其它所有的语言形式，造成了一个'唯我独尊'的局面。在"文革"社会里，不讲'文革语言'就会被视为政治反动，就是对革命的态度不端正。高校英语教师如果不讲'文革英语'，就是'崇洋媚外'、'里通外国'，就会被打倒甚至丧命。在这种政治高压的环境下，'文革语言'和'文革英语'成了独霸一方的社会'标准语'，拥有'不说就死'的、绝对的语言霸权。"

形成这种语言霸权的背后力量是国家权力。也就是说，语言中调节部分所拥有的语言权利面对的是被调节部分所拥有的国家权力，两种权利对比的绝对失衡使语言调节失去可能。因此，当语言中的一部分以国家权力的形态出现时，其他任何意欲对其进行调节的部分都会表现得无能为力。这就是维柯在他的《知识考古学》中所说的"权力规定着在一定的社会及文化环境下什么可以说什么不可以说，规定着谁可以说，什么时候说以及在什么地方说。权力关系作用下的话语帮助建构和维持着一定的社会秩序，而这种社会秩序通常被认为是最符合权力支配者利益的秩序"。

在语言权利失衡的情况下，语言的调节功能就无法得到发挥，由未经调节的语言部分所建构的社会身份就不会得到改变。不仅如此，由于原社会身份的建构语言所拥有的语言权利过于强大，极有可能形成被调节的语言部分对调节的语言部分实施的反调节。其结果就是原有社会身份的不断壮大，其它社会身份的不断萎缩。为了保留调节的语言部分所建构的社会身份，就必须开始对被调节的语言部分所拥有的、强大的语言权利的归顺。在这个意义上，语言调节的功能出现了反向操作，在语言方面的表现就是开始建构新的社会身份。

"文革"期间高校英语教师利用"文革英语"建构自己新的社会身份的过程，就是这个反向建构行为的例证。它揭示了语言技术化的实施策略：语言调节是双向行为。当调节部分与被调节部分所拥有的语言权利处于均衡状态时，语言调节得以实施；当双方拥有的语言权利处于失衡状态时，拥有强大语言权利的语言部分对拥有弱小语言权利的部分进行调节。

"文革语言"和"文革英语"都随着"文革"的结束而成为了历史，它们所带来的语言暴力现象也都在语言研究的过程中成为素材和资料。

"文革"已经成为历史，今天提出的语言技术化的技巧，不再可能对"文革语言"和"文革英语"产生语言调节作用，由这两种语言形式建构的社会身份也将永远成为历史形象。但是这绝对不意味着语言技术化已经失去了语言调节效力，变成了一纸空谈。语言暴力作为一种语言现象，永远都会在语言的使用场合中或多或少、或早或晚地出现。今天对"文革语言"暴力的语言技术化分析，会提供对语言暴力现象特征的准确认定，对这些特征的掌握就会在将来语言暴力重新抬头的预期对其进行有效的掌控和抵制，以此来形成语言和谐，建构人们的社会身份。

第五章
语言变异的历史杰作——"文革英语"

语言变异研究隶属于语言学领域,而身份建构研究隶属于社会学领域。因此要研究语言变异的身份建构过程,就必须定位一个既属于典型的社会变迁又具有典型的语言变异的社会阶段。通过对该社会阶段的语言素材和社会背景展开研究,可得到既具有典型代表性又能产生足够说服力的成果。意大利思想家维柯指出,"历史理解的可靠手段是理解语言,因为语言及其相关资料可以充分显示人们的心理过程和思想认识,是我们正确认识和理解历史的重要途径。"① 从历史上看,因发生重大社会变迁而导致剧烈语言变异的代表性阶段,当属新中国成立后的"文化大革命"时期。在这个时期,突发巨变的社会形势直接催生了剧烈的语言变异现象——"文革"英语。

"文革"时期,近乎癫狂的政治形势在全国上下形成了妄自尊大、盲目排外的思潮,凡是与外国人士、外国文化有接触的人和事物都可能被怀疑为"里通外国"。高校英语教学由于专业的特殊性而备受怀疑,遭到严重的排斥和打击。作为英语专业的教学主体,高校英语教师也因此受到牵连,社会身份一落千丈。为了迎合政治形势、建构"革命"的政治形象和改变自身命运,高校英语教师通过用英语仿制当时社会上流行的"文革语言",对当时的英语教学内容进行了全面的"革命化"改造,人为地制造了大量的语言变异现象,创造了"文革英语"。

---

① 维柯的《新科学》,初版于1725年,全名是《关于各民族的共同性质的新科学原则》,是一部阐述古代文化史、诗歌和美学的理论著作。

第一节 "文革英语"产生的历史背景

"文革英语"产生的背景是"文化大革命"时期极"左"路线对教育和思想领域的直接冲击和影响。高校英语教师的社会身份在"文革"爆发之前曾经一度辉煌,但是"文革"爆发后知识分子命运受到冲击,高校英语教师因其掌握对外交流工具而最具"里通外国"的嫌疑,其身份更是一落千丈。在当时的形势下,各行各业都在通过种种形式来表达其革命态度和立场,以期在"文革"大潮之中获得立足。高校英语教师为了拯救自己破落的命运,达到为社会所接受、重新融入社会的目的,也在苦苦寻求出路。为了树立自己的革命形象,向社会表明自己的革命态度,高校英语教师把当时社会流行的"文革语言"翻译成英语,通过在词汇、语句、语调和语篇等方面制造大量的语言变异现象,并将"文革英语"纳入教学体系之中,人为地创造了一种有意识的语言变异——"文革英语"。

一 "文革"发生前英语教师身份变迁的一般轨迹

(1) 1949~1956 俄语教学一枝独秀,英语教师身份平平

参考资料:

在现代中国的历史上,政治形势、政治运动决定一种外来语言的社会地位,成为一种耐人寻味的文化现象。建国初期,为了迅速改变贫穷落后的面貌,毛泽东发出向苏联学习的号召。这就要求教育部门必须培养一批懂俄语的人才,俄语教学因此得到迅速发展,俄语教师的身份得到国家和社会的重视。据《中国外语教育发展史回顾》记载,"1951 年 9 月 25 日至 28 日,中共中央宣传部、教育部和俄文编译局在北京联合召开了首次全国俄文教学工作会议,并于 1952 年 3 月 10 日颁发了《关于全国俄文专科学校的决定》。为了加强对各地俄语教学工作的联系与指导,教育部设立了全国俄文教学指导委员会,创办了《俄文教学》杂志。自 1952 年起,我国共建立了北京俄专等七所俄文专科学校,并在中国人民大学等十九所高

等师范院校设立了俄文系。这个时期高等院校的公共外语课程几乎为俄语覆盖,很多中学也开设了俄语课。为了给来华协助我国进行经济建设的苏联专家配备翻译,高教部于 1953 年 8 月再次召开全国俄文教学工作会议。并于 1954 年 4 月 3 日颁发《关于全国俄文教学工作的指示》。此外,高教部又于 1956 年 4 月召开会议,审定高等俄语院校教学大纲和俄语专业课程的教学大纲。1949 年至 1956 年,我国俄语教育迅速发展。到 1956 年底,高校专业俄语教师已达 1.96 万余人。"[1]

在此时期,英语的教学状况与俄语的教学状况相比尚处于边缘位置。由于建国之初西方各国大多未同我国建交,因而国家对西方语言专业人才的需求量不大,当时的教育部门也因此忽略了部署英语等欧美语种的教学工作。1952 年开始院系调整时,撤销合并了大部分学校的英语专业,全国只剩下 8 个英语教学点。在当时的情况下,由于英语教学没有受到足够的重视,英语教师的社会地位和社会声望也没有得到提高,其社会身份没有得到国家和社会的普遍关注。尽管如此,高校专业英语教师的基本队伍依然存在,专业英语的招生和教学一直保持原有水平,没有得到重视。

(2) 1957~1966 英语教学蓬勃发展,英语教师身份提高

参考资料:

20 世纪 50 年代中后期,随着我国的对外交往不断扩大,对外语人才的需求与日俱增。对人才的迫切要求使得各个语种的外语教学都受到国家教育部门的高度重视,外语教学也因此得到了迅速发展。随着同欧美国家友好往来的不断深入,对英语人才的需求不断加大。北京外国语学院、上海外国语学院和哈尔滨外国语学院自 1956 年秋季开始增设英、德、法语专业。"到 1956 年底,全国共有 23 所高校设有英语系科。各高校共有英语教师 545 人(教授 132 人,副教授 68 人,讲师 183 人,助教 162 人),学生 2,500 余人。1964 年 10 月《外语教育七年规划纲要》颁布,提出要新建和扩建 16 所高等外语院校,补充和充实外语师资队

---

[1] 张同冰、丁俊华:《新中国外语教育的发展过程》第五章。

伍。《纲要》还要求各地外语院校和高校外语系，把培养外语教师作为主要任务；外语院系必须按照统一的规划设置专业、确定年限和发展规模；外语院系毕业生实行国家分配的制度，英语师资队伍要达到27，410人。"① 这种把培养师资作为外语院校的主要任务，并明确提出外语师资补充指标的做法，充分说明英语教师是当时国家的急需人才，具有极为重要的社会身份。1965年6月22日至7月6日，高等教育部召开专门研究外语院系教学工作的会议，要求各外语院系为提高外语教育水平而培养语言文学水平较高的师资。为了解决当时的人才急需问题，会议要求师范院校外语系适当缩减学制，以半工半读，边学习边工作的办法解决外语师资问题。

为了促进我国的外语教育事业，党中央、国务院、教育部从1960年到1965年先后发布了两个文件，制定了一份《纲要》，召开了两次重要会议。这充分说明在"文化大革命"爆发之前，我国的外语教育事业在国家发展战略中的重要地位。发展外语教育事业的前提是充足的师资力量，上面提到的文件、纲要和会议决议中无一不提及外语教师的紧迫性和重要性。因此，外语教师在"文革"爆发之前这段时间，其社会地位是日趋重要的，这表明了外语教师当时突出的、受重视的社会身份。对英语人才的需求使得英语教学愈发受到国家有关部门的重视，在这种水涨船高的形势下，英语教师成为国家外交事业发展过程中的重要力量。由于英语教学受到国家政府和教育部门的重视，英语教师的社会地位不断提高，其重要的社会身份得到普遍承认。

很多经历过"文革"时期的英语教师都十分怀念他们在"文革"前进入大学学习的那个阶段。当时由于国家重视，英语教师和英语系的学生在社会上属于稀缺人才，因而拥有很受尊重的社会身份。

访谈记录：

"我到外语系上学的那年是1964年，我在那之前没学过英语，中学时候学的是俄语，到xx大学之后才开始学。那时候的老师都很认真，国家也

---

① 付克：《中国外语教育史》，上海外语教育出版社，1986年。

很重视。外语的人才缺，尤其是英语，太缺了。在那时候，你要是会英语，什么都不用你干，就去教学就行。教英语就是最重要的事业了，那时候咱们国家扩大和全世界的交往，以前都是和苏联一家好，光重视俄语了。这回一和别的国家交往，才发现没有翻译。这就开始重视英语了，英语厉害的那时候都可以直接进外交部。要是进不了外交部就肯定得当老师，得培训翻译人才啊。"（jlu2008LY）①

"我们都是从最基本的语音开始学的。当时我们的老师对我们要求很严格，他们都很敬业，人也很优秀。当时外语老师的社会地位很高，因为当时英语老师缺呀。国家急需英语人才，所以把其他行业里很多懂英语的人都派到高校教书了。当时我们的英语老师姓叶，是个归国华侨。那时候归国华侨的社会地位可高了，而且我们还听说，他参加过板门店谈判呢。你说，国家把这么重要的人物都派来当老师了，英语教师的地位能不高吗？"（jlu2008QSF）

"那时候英语老师的地位高，很受重视。当时国家缺外语人才啊，我们的那些英语老师原来都不是当老师的，就是因为国家需要，就都被派到高校教学来了。比如说吧，我们的英语老师叫蔡咏春，是个海外华侨，而且还是个神学博士。你知道，那个时候中国才有几个博士啊！但是就是因为他会英语，就让他来吉大教课了。你说国家是不是对英语教学太重视了？不只是在学校里，在社会上他们的地位也很高。逢年过节都有学校和省里的领导请他们去参加宴会，他们总把和那些领导的合影拿给我们看。（jlu2009LXB［男］）"

以上几则访谈从三个角度说明了当时高校英语教师身份的重要性：第一，国家重视。"文革"之前由于英语人才缺乏，在一定程度上限制了我们的对外交往。从外交发展的角度看，国家对外语教学十分重视。第二，英语教师自身的背景也决定了他们的重要身份。建国初期的归国华侨都被认为是爱国人士，他们本身就有很高的社会地位。拥有这样高社会地位的人做英语教师，高校英语教师的身份自然就与众不同了。第

---

① 引文后的编号为口述时访谈记录的编号，下同。凡未专门注明为男性的被访者均为女性被访者，下同。

三，很多英语教师在新中国成立前就在学校教英语，由于新中国成立后国家的政治形势比较稳定，没有发生重大的政治运动，他们的整体形象没有受到冲击。人们对教育的尊重是发自内心的，因此这些英语教师在社会上仍然拥有很高的地位。

二 "文革"发生后高校英语教师的身份沦落

（1）身份沦落的社会背景

高校英语教师身份沦落的社会背景是"文化大革命"运动。由于整个知识分子队伍都在"文革"运动中遭到打击和迫害，作为高校教师中的一部分，高校英语教师遭受同样命运是在所难免的。

参考资料：

一九六六年八月八日，中国共产党中央委员会通过并发表《关于无产阶级文化大革命的决定》。该"决定"的第十条标题为"教学改革"，其主要针对目标即广大教师："改革旧的教育制度，改革旧的教学方针和方法，是这场无产阶级文化大革命的一个极其重要的任务。在这场文化大革命中，必须彻底改变资产阶级知识分子统治我们学校的现象。在各类学校中，必须贯彻执行毛泽东同志提出的教育为无产阶级政治服务、教育与生产劳动相结合的方针，使受教育者在德育、智育、体育几方面都得到发展，成为有社会主义觉悟的、有文化的劳动者。学制要缩短，课程设置要精简。教材要彻底改革，有的首先删繁就简。学生以学为主，兼学别样。也就是不但要学文，也要学工，学农，学军，也要随时参加批判资产阶级的文化革命的斗争。"①

该"决定"中提到的"统治我们学校"的"资产阶级知识分子"指的就是当时学校的广大教师，这就意味着教师队伍是"文革"运动首当其冲的专政对象。作为教师队伍的一个组成部分，高校英语教师的社会身份必然要受到严重冲击，其社会地位岌岌可危。

---

① 龚育之：《中国二十世纪通鉴》，1961~1980年（第四册）。

参考资料：

1970年7月22日，《人民日报》发表张春桥等人撰写的《为创办社会主义理工科大学而奋斗》的文章，提出"无产阶级教育革命，是在文化教育领域由无产阶级对资产阶级实行专政的一场深刻的政治革命。工人阶级的领导，是彻底摧毁资产阶级教育制度，创建无产阶级教育制度的根本保障。工人阶级要牢牢掌握教育革命的领导权，用毛泽东思想把学校占领下来，改造下来。必须批判资产阶级，狠抓意识形态领域里的阶级斗争，实现对知识分子政治上、思想上的领导。革命大批判是创办社会主义大学的战略任务，是教育革命的一门主课。要坚持以阶级斗争为主课。建立工农兵、革命技术人员和原有教师三结合教师队伍。实行开门办学、厂校挂钩、校办工厂、厂带专业，把大学办到社会上去。打破旧的教学体系，以毛泽东思想为武器，以工农兵为出发点，以三大革命为源泉编写教材。实行新的教学方法，结合生产、科研中的典型工程、典型产品、典型工艺、技术革新等进行教学打破过去把基础课和专业课截然分开的界限，突出重点，急用急学，边干边学，改变以课本、教材为中心，教师为中心的方法"。[①] 文中提到的"必须批判资产阶级，狠抓意识形态领域里的阶级斗争，实现对知识分子政治上、思想上的领导。"明确指出了知识分子由于其政治上、思想上的不可靠而必须处于被领导的社会地位。而且，教师队伍已经不能独占学校讲台，要"建立工农兵、革命技术人员和原有教师三结合教师队伍。"这些观点都透露出一个强烈的信息：高校教师的社会身份即将受到重大冲击，处境朝不保夕。他们随时都有可能失去讲台，并遭到围攻和批判。

1971年4月在北京召开全国教育工作会议，制订了由迟群主持起草，张春桥定稿的《全国教育工作会议纪要》。该《纪要》全面否定了新中国成立以来17年教育工作的成绩，并作出所谓的"两个估计"：一是新中国成立后17年，毛主席无产阶级教育路线基本上没有得到贯彻执行；二是知识分子大多数"世界观基本上是资产阶级的"。这个《纪要》经毛泽东批

[①] 清华大学理论组：《一个修正主义的教育纲领——批判"四人帮"炮制的〈为创办社会主义理工科大学而奋斗〉》，《人民教育》1978年第9期。

准发向全国，严重地搅乱了社会思想，极大地打击了所有教育工作者的积极性，最终导致教育工作在"文革"期间的混乱局面和基本停滞状态。①

从当时的社会背景分析，"文化大革命"运动就是要在教育领域首先打破"资产阶级知识分子统治"，建立"无产阶级全面专政"。通过削弱文化教育以阻断新的"资产阶级知识分子"的产生，培养出能够批判资产阶级，敢于"反潮流"的新人。这场错误的"教育革命"突出了教育为政治服务的目的，突出了生产劳动教育的模式，极大地贬低了知识分子的社会身份及其拥有的知识。"文化大革命"的实质就是对教育的全面专政，其最终目的就是整垮知识分子。高校英语教师处于这样一个四面楚歌的社会背景中，其身份的沦落注定会成为历史之必然。

从高校英语教师的自身情况看，英语教学工作本身就给他们带来了不幸的遭遇。"文革"时期，人们的政治狂热没有极限，对"文革"运动的痴迷与热衷使得人们把中国看成了世界革命的中心，把毛泽东看成了世界的领袖。对"文革"极端的崇拜思想让人们把所有外国的东西都看成是反动的和必须受到批判的，英语是外国人的语言，英语教学就是宣传外国的思想文化，是必须遭到批判和打击的。在这种信念的支配下，社会各界纷纷开始排斥英语，英语教师无端遭到怀疑和打击。"崇洋媚外"、"里通外国"的帽子随时都有可能落到英语教师的头上，被勒令交代自己的外语学习经历，交代曾经和外国人有过的经历，交代海外留学经历的事件不断发生，相当数量的英语教师在交代海外留学经历的过程中被打成了"间谍"和"特务"。

访谈记录：

据一位退休教师回忆，由于无法把海外学习的每一段经历交代清楚，他们学校的一位英语教师遭到了红卫兵"造反派"的围攻，命运极其悲惨。

---

① 李刚：《毛泽东和 1971 年〈全国教育工作会议纪要〉》，《淮阴工学院学报》2005 年第 2 期。

"他是个海外留学回来的，也就算是华侨吧，但是没啥特殊的，平时和我们都一样。他是个神学博士，宗教知识挺多的。上课的过程中动不动就能联想到宗教方面的东西，听起来也挺有意思。我们上大学之前都是农村的，哪了解西方的宗教啊，都是从他那儿知道的。可是'文革'开始之后他就不吃香了，刚开始是不让他在课堂里讲宗教的东西，后来就有人总在教室外面监督他了，好像不少学生也被学校动员监督他了。再往后他就总被学校找去谈话，然后就有批斗会了。批斗刚开始还比较友好，就是座谈式的，让他讲清楚在国外学习的经历，让他和以前的经历划清界限。可是他在国外呆了那么多年，哪能一下子都想起来啊。他说话的时候有个习惯，就是边想边说，有时候记不起来是怎么回事了，就开始支支吾吾。这就把造反派们弄得没心情了，先是让他站起来说，又让他站在教室中间说，后来只要他说话有停顿就一起喊口号，打倒洋和尚啦，宗教是毒草啦，等等。到后来课都不让他上了，就是交代问题。关起来不让回家，一饿好几天不给吃的喝的，遭老罪了。"（jlu2008BGS）

"英语老师可倒了大霉了，上课不敢乱讲，下课就得交代问题。他们害怕挨整啊，都争着抢着去找领导汇报思想，交代自己的学习经历。我们当时的那些英语老师没一个好过的，都提心吊胆。我都看过好几个老师和领导谈完话红着眼圈进课堂的，当时我们心里也不好受，但是因为心里认为革命是对的，领导是对的，所以也不知道怎么办。他们最难受的时候就是背英语毛主席语录，学生背错点儿没事，要是老师背错了麻烦就大了。咱那会儿不是老师不理解啊，当着那么多学生面一段一段地背，还能不出错？一出错就有人汇报，就得写检讨。"（jut2009LYB）

(2) 身份沦落的表现

"文革"这场政治浪潮席卷而来的时候，知识分子已经没有什么身份和地位可言了，等待着他们的命运就是被打倒，然后陷入沦落境地。高校英语教师由于受到自身英语专业的牵连，受到打击的程度在所有教师队伍中尤为严重。下面两则有关北京大学英语教师悲惨命运的记载，清晰地向我们展示了英语教师的身份沦落过程。

参考资料：

俞大䋈之死①

俞大䋈，女，北京大学英语教授，因为20世纪30年代曾经到英国留学。"文革"开始后就遭到"批判"和"斗争"，1966年8月24日晚上，在清华大学活动的一部分中学生红卫兵来到和清华校园邻近的北京大学燕东园教工宿舍，抄家，毁坏书籍文物。第二天北京大学的红卫兵也来抄家，俞大䋈被抄家，当时她独自在家，被强迫下跪。由于不堪受到野蛮攻击、抄家及侮辱，8月25日在家中服毒自杀，死时60岁。

俞大䋈是中国最好最流行的一套英语教材《英语》的作者之一。那部教科书常常被人们称为"许国璋英语"，教科书的一二年级部分是许国璋先生写的，三年级部分是她和吴柱存写的。吴柱存教授在"文革"中也遭到野蛮攻击，被指控为"漏网右派"、"反动权威"和"美蒋（美国和蒋介石）特务"，被关押在校中监狱一年多，长期遭到殴打侮辱。

吴兴华之死②

吴兴华，男，生于1921年，北京大学英语教授。1952年北京大学从市内搬到燕京大学的校址，也吞并了燕京大学。吴兴华曾经担任北京大学西语系系主任。1957年被划成"右派分子"，1962年"摘帽"，仍在西语系工作。"文革"中进入校园"劳改队"并被红卫兵殴打和抄家，是校园"劳改队"最早的受害者。

吴兴华被打入"劳改队"后被抄家，家里的书和画被烧被没收，孩子们也被欺负。吴兴华家住在北京大学的教工宿舍"中关园"的平房里。西语系的红卫兵到吴兴华家抄家，把他的手稿和书籍，在门口的空地上点火烧掉。手稿中，有他已经基本完成的但丁的《神曲》的译稿，有他已经近于完成的一部关于唐朝诗人柳宗元的小说，还有他翻译的一本希腊文艺理

---

① 卡列宁的微笑：发表于中国教育人博客 2006-1-19，1：21，http：//old.blog.edu.cn/user1/1812/archives/2006/1101484.shtml。

② 卡列宁的微笑：中国教育人博客发表于 2006-1-17，11：06，http：//old.blog.edu.cn/user1/1812/archives/2006/1098685.shtml。

论,是本来计划要出版的一套外国文学理论丛书中的一本。像吴兴华这样懂希腊文的人很少,这本书是特别要他翻译的,这些稿子统统被烧成了灰烬。

吴兴华死以前,他家的门上和窗上,都被贴了写有"大右派"、"反革命"的大字报,他家的住房被封了,只给他们留下一间房间。家里人也知道吴兴华已经挨过红卫兵的打。1966年8月3日在北京大学校园内"劳改"时,有红卫兵学生强迫他喝水沟里从附近化工厂流入的污水,他中毒昏倒,被说成是"装死"。当天夜里去世,死时45岁。红卫兵坚持说他是以自杀对抗"文革",不顾其妻子谢微一的反对,命令医生解剖了尸体。

《中国教育年鉴》以"教师队伍遭到严重摧残"为题,对"文革"期间的教师状况做了如下记载。

1971年的《全国教育工作会议纪要》中提出:要"让原有教师分期分批下工厂、农村、部队,政治上接受再教育,业务上进行再学习,尽快地适应教育革命的要求。"对于从旧社会过来的学术上有成就的老专家、教授,大多数作为"资产阶级反动学术权威,或一批二看,或一批二用,或一批二养"。这些人在遭到批判斗争后,有的致死致残,有的被剥夺教学、科研的权力,长期下放劳动。对于新中国成立后培养起来的教师,大多数也被视为资产阶级"臭老九"。据1980年11月5日中华人民共和国最高人民检察院特别检察厅关于林彪、江青反革命集团起诉书中的统计:仅教育部所属单位和17个省、市教育界受诬陷、迫害的干部、教师就有142000多人。卫生部直属14所高等医学院校674名教授、副教授中,受诬陷、迫害的就有500多人。1965年全国高等学校有教授、副教授7800人,1977年减少到5800人,其中有些就是在"文革"中受迫害致死的。教师队伍不仅在政治上受诬陷、迫害,而且业务也荒疏了。在十年动乱中,教师下乡下厂,到"五七干校"参加劳动,接受"再教育",实际上并没有进行业务上的"再学习"。由于长期脱离教学、科研实践,就是原来已经掌握的业务知识也丢弃了。①

---

① 张健:《中国教育年鉴(1949~1984)》,湖南教育出版社,1986。

1966年开始的"文化大革命"是一场浩劫。从1966年到1970年初，外语教育已濒临崩溃，在这个"非常时期"，周恩来以马克思主义者和无产阶级革命家的胆识，同林彪、"四人帮"的倒行逆施针锋相对，保护了一批外语人才。他怀着对外语教育的深切关怀，多次与北京外语院系的师生座谈，指示要练好"三个基本功"，极大地鼓舞了外语院系师生在极其困难的条件下坚持教好学好外语，减少了外语教育的损失。1968年，为了不让67、68两届外语毕业生被胡乱分配去干别的工作，周恩来指示国务院外事办公室和外交部对这一批外语人才采取保护措施，把他们集中到几个解放军农场去劳动，等待分配外语工作。他还派专人到各农场去看望这批学生，指示农场领导每天务必为学生安排一定时间复习外语，千万不可丢掉外语。这批外语人才在70年代初国家急需外事干部时，走上了外语工作岗位。[①] 这段文字通过对周恩来总理亲自保护外语毕业生的描述，从一个侧面反映出当时外语界师生所面临的政治灾难。当这些人需要由一个国家的总理出面才能获得保护的时候，他们的身份和地位就都已经丧失殆尽了。

史料记载，1966年5月至7月，也就是"文化大革命"的最初两三个月，知识分子是被批评和批判的重点对象之一。高校英语教师和全国各界的教师一样，都受到了当时极"左"思潮的打击。高校英语教师之所以受到"文革"运动的冲击，是和他们自身所学的专业有直接关系的。首先，这些英语教师都是外语系毕业的，在他们的学习过程中都有和外籍教师交往的经历。这些本来值得自豪并应引以为资本的交往过程在政治敏感、盲目排外的"文革"时期就成了英语教师的梦魇，因为这些经历的过程就是"里通外国"。其次，英语教师课堂上必须用英文授课，而且课文中总会时而出现外国的文化内容。这些行为在当时都会被认为是"崇洋媚外"。最后，凡是学过英语的人，其思维方式和生活内容中都会或多或少地受到英语国家文化内容的影响。因此他们在语言上、行动上甚至思维上都会有相应的表现。这些行为在"文革"时期都是典型的"资本主义"，都要遭到批判。

---

① 李馨亭：《周恩来与外语教育》，《四川外语学院学报》1991年第4期。

提到"文革"爆发之后的学习状况，被访谈的所有退休教师都表现出一种既无可奈何又兴致勃勃的态度。他们既为当时浪费的青春时光而无可奈何，又为曾经参与了那段如火如荼的运动而兴致勃勃。

访谈记录：

"'文革'刚开始的时候还没有停课，但是外语课是很敏感的地方。当时一些老师怕被批斗，都开始讲毛主席语录的英文版了。原来课本的东西基本不敢讲了，动不动就说那是'封资修'，你要是讲就要挨斗，谁还敢啊！再往后，我们的课程就没法正常进行了。有的时候正在上课呢，外面就开始喊口号，喊打倒外语特殊论。我们的系主任叫王坤，'文革'开始不久就被批斗了，她还领着我们学习过英语的毛主席语录呢。当时我们有个姓蔡的老师，是个神学博士，归国华侨。这个人业务很好，很善良。可是'文革'开始后他就倒霉了，因为他是神学博士，就被扣上了'洋和尚'的帽子，天天被批斗。他老婆姓黄，因为他的缘故也被称为'黄尼姑'，遭到批斗。"（jlu2009ZDC）

"'文革'前很好，国家给政策，给补贴。'文革'一开始就完了。唉，那就是从天堂到地狱的转变。教外语的，你的外语是怎么学的啊？肯定和外国有关系呗。那你就里通外国，这么说你一点都不冤屈。里通外国这个罪名在当时很严重，当时有多少英语老师都栽在这个罪名上了。尤其是那些留过洋的，原来还觉得自己有留学经历，是个很值得骄傲的资本，整天牛哄哄的。'文革'一开始，马上全都倒霉了。一遍一遍交代在国外的经历都过不去啊，大会小会挨批。哭啊，后悔得肠子都青了。那会儿凡是出过国的差不多都成了特务了，谁也跑不了。不光自己倒霉，老婆孩子全跟着倒霉，都让人指着后背骂，还不敢吱声。吱声就给你挂大牌子，批斗游街。"（jlu2008BGS）

"有些事，现在听起来都是笑话，可那时候就能把你整死。师大就有一个老师，上课的时候他领着学生读课文，当读到 Chairman Mao（毛主席）的时候，有个学生突然来灵感了，就说这个老师辱骂伟大领袖，说他把'毛'这个字发成了'猫'的音。这下子事儿就大啦，先是全班停课批斗，接着就是全系，后来全校都知道了，这个老师算是彻底惨了。这帮人非得让他交代罪行不可，而且还得从思想根源上找原因，光承认错误还不行。后来把他家祖宗三代都查个底朝上，好在他家三代贫农，根红苗正。要是出身再不好，估计他就够呛了。唉，打那以后，我们再读 Chairman Mao 的时候都提心吊胆的。有的人坏，不学习，但是就在你读课文的时候提溜个耳朵听，找你的毛病，然后就上纲上线。"（jlu2008CLH）

（3）身份沦落的原因

"文革"期间高校英语教师的身份沦落，主要缘于其知识分子身份。知识分子在"文革"中遭到打击，有两方面的原因：主观上，毛泽东的思想意识中存在着对知识分子的不满；客观上，"文革"时期的"血统论"思想对知识分子排挤。

首先，全国政治气候的原因。在发动"文革"前，毛泽东就认为教育界里面存在"资产阶级代表人物"——教师，很大一部分的学校已经被"资产阶级代表人物"所统治。

参考资料：

毛泽东在1966年5月7日写给林彪的信中就提出"学校的学制要缩短，教育要革命，资产阶级知识分子统治我们学校的现象再也不能继续下去了"。[①] 当时，毛泽东对中国教育制度方面的意见主要有三点：一是认为学制太长，课程太多；二是认为教学不得法；三是认为不突出政治。这三点中，最不能为毛泽东所容忍的，就是不突出政治。他认为就是因为不突出政治才导致出现了资产阶级知识分子统治学校的现象，所以他下决心要搞一场"教育革命"。他为此确定的教育改革的基本方针就是：教育要突出政治，要同生产劳动相结合；教育突出政治是第一位的。[②]

毛泽东的这种想法是有其个人局限性的。他强调教育要同生产劳动相结合，这个观点是正确的。但是他所说的生产劳动实际上就是体力劳动，

[①] 涤生：《"文革"中的停课、复课与招生》，《党史纵横》2005年第9期。
[②] 涤生：《"文革"中的停课、复课与招生》，《党史纵横》2005年第9期。

他没有认识到知识分子的脑力劳动也是劳动内容的重要组成部分。因此"同生产劳动相结合"在当时就被所有人理解为知识分子要参加体力劳动，体力劳动的价值因此大于脑力劳动的价值，知识分子的身份地位开始动摇。

毛泽东在主观上对知识分子的不满，集中体现在他发动了"教育革命"之后所作出的三个重要指示之中。

第一，在"五七指示"①的最后一段中，他指出，"学生也是这样，以学为主，兼学别样，即不但学文，也要学工、学农、学军，也要批判资产阶级。学制要缩短，教育要革命，资产阶级知识分子统治我们学校的现象，再也不能继续下去了。"

第二，在"七·三〇指示"②中，毛泽东认为："实现无产阶级教育革命，必须有工人阶级领导，必须有工人群众参加，配合解放军战士，同学校的学生、教员、工人中决心把无产阶级教育革命进行到底的积极分子实行革命的三结合。工人宣传队要在学校中长期留下去，参加学校中全部斗、批、改任务，并且永远领导学校。在农村，则应由工人阶级的最可靠同盟者——贫下中农管理学校。"

第三，毛泽东在"七·二一指示"③中提出："大学还是要办的，我这里主要说的是理工科大学还要办，但学制要缩短，教育要革命，要无产阶级政治挂帅，走上海机床厂从工人中培养技术人员的道路。要从有实践经验的工人农民中间选拔学生，到学校学几年之后，又回到生产实践中去。"

其次，群体价值观的原因。在突出政治方面，英语教师应该是高校教师群体中最为落后的。由于受到自身专业的影响，高校英语教师的思想都在一定程度上受到了西方自由精神的影响。当时的高校英语教师群

---

① 指1966年5月7日毛泽东审阅军委总后勤部《关于进一步搞好部队副业生产的报告》后给林彪的信。
② 指1960年7月30日毛泽东写给江西共产主义大学的信。
③ 1968年7月21日，毛泽东在《人民日报》上关于《从上海机床厂看培养工程技术人员的道路（调查报告）》的编者按中加写的一段话，这以后，各地先后办了一些所谓的"七·二一"大学。1979年9月，教育部召开全国职工教育工作会议以后，全国各"七·二一"大学自行改名为职工大学或职工业余大学。

体构成比较复杂，海外归侨、旧社会的知识分子、教会人士等占很大比例。在这些人的思想境界中很难找到政治的容身之处，他们说英语，谈西方文化，跳交际舞，结交外国朋友。在中国人眼里他们是外国人，在外国人眼里他们是中国人。这样一个自由、散漫、与政治格格不入的群体，在高校教师受到政治冲击的时候，注定要成为这场运动中首当其冲的专政对象。

再次，"血统论"的原因。"文革"前，党的阶级路线是"有成分论，但不唯成分论，重在政治表现"，可是在实际生活中，由于社会上宁"左"勿"右"思想的存在，加之政治表现标准有极大的主观性和随意性，这个政策一直没能真正得到很好的贯彻执行。"文革"期间，虽然中央"文革"小组也曾对"血统论"表示过一定的反对态度，但他们的这种态度并不是以"平等"、"公正"为基础，进行认真的反思和批判。①

参考资料：

在"阶级路线"的名义下，广大群众按唯成分论的"左"倾标准，被划分为"红五类"和"黑五类"。其中"红五类"指的是工人、贫下中农、革命干部、革命军人、革命烈士；而"黑五类"指的是地主、富农、反革命分子、坏分子、右派分子。这种唯成分论的"左"倾错误，随着"文革"的升级而逐渐演变成为了赤裸裸的封建血统论，集中体现在"老子英雄儿好汉，老子反动儿坏蛋"这个口号上。随着红卫兵运动在全国的兴起，"血统论"风潮也迅速蔓延到全国，"血统论"按家庭出身划分出了"革命者"和"被革命者"群体，"黑五类"成为了"红五类"革命的准对象。②

"血统论"思潮违背了人与人之间相互平等的信条，它以个人的血统、家庭出身纯正与否来划分人们的社会地位、利益、职责、身份等。它打破了人们希望通过个人能力和业绩实现个人价值的梦想，把血统出身当成了社会生活中歧视、压迫和奴役别人的心理基础。在"文革"社会中，高校

---

① 阚和庆：《理性的迷失：红卫兵的行为和心态》，《党史博览》2002 年第 6 期。
② 陈长峰：《"文革"时期普通知识分子的抗争述论》，《传承》2008 年第 14 期。

英语教师在"血统论"思潮的影响下，受到来自社会各个层面的欺压和排挤，他们在"文革"之前形成的为整个社会所承认的社会地位完全丧失。按照"血统论"的定性观点，"红五类"因其纯洁而高贵的"革命出身"被陡然赋予了至高无上的社会地位。这种至高无上的社会地位使得来自社会各个领域的权利都向他们集中转移。他们在政治上拥有领导权，在文化上拥有导向权，在经济上拥有支配权。与此同时，高校英语教师队伍却因其身份属性不同于"红五类"，再加上很多教师都在"文革"期间被错误地划成"右派"，这种"血统论"观点使他们遭到社会上的无端排斥，他们的身份因此跌入低谷，社会地位也随之沦落。

第二节　"文革英语"的出现及其特点

　　由于在"文革"政治形势中处于明显的不利地位，高校英语教师迫切要求改变自己的身份。在寻求改变身份的过程中，"文革语言"进入了高校英语教师的视野。近年来，学术界对"文革语言"展开了初步研究，认为"文革语言"是"当时政治高压和国人心理变异的产物，是一个既混乱又统一的语言怪圈，是当时混乱的社会生活的一面镜子"。[①] 它既是"文革文化"的载体，又是一种文化现象。"文革语言"以其高度的政治化内容和潮流化趋势迅速在社会上形成了一呼百应、唯我独尊的语言霸权，成为"文革"全社会用来表示"忠心"、树立政治形象的语言标识。高校英语教师通过对"文革语言"的英译处理，创造出可以建构自己身份的"文革英语"。"文革英语"和"文革语言"都具有政治内容充斥、话语内容中国化和语篇内容革命化的特点。

一　高校英语教师对形势的屈服和认同

　　（1）社会政治形势对高校英语教师极为不利

　　"文革"时期，政治形势对知识分子不利的诸项因素：全国政治气候的不利因素、知识分子自身价值观的不利因素和"血统论"观点的

[①] 聂焱：《论"文革语言"对言语交际基本原则的违背》，《固原师专学报》2005年第5期。

不利因素。随着"文革"运动的不断展开,这些因素不仅没有得到遏制,反而形成了愈演愈烈的趋势。

参考资料:

为了发动广大群众参加"文化大革命"运动,中共中央和毛泽东在政治、经济、组织、思想、文化、宣传等领域,采取了大量措施。首先,在全国大造声势。通过各种会议和文件,以及广播、报纸、文艺表演等媒体形式和渠道,为当时"文革"运动的全面开展起到了舆论导向作用。其次,明确表态支持"红卫兵"。毛泽东不仅亲自接见数量上超过千万的"红卫兵",而且多次发表讲话,明确表示他本人对"红卫兵"的支持态度。再次,党中央在全国各界发起了"批判资产阶级反动路线"运动。"斗、批、改"运动是当时政治形势的又一集中体现。在"毛泽东思想革命路线"的总指导下,这一运动把"文化大革命"中涌现的"革命理论",进一步具体化、条理化和精细化,在各行各业的各类相关制度都得到了全面渗透。①

这一系列行动的结果,让无产阶级"文化大革命"运动在全国各界形成了浩大声势。尤其是毛泽东对红卫兵的亲自接见,向全国社会各个阶层表达了十分明确的态度:支持红卫兵造反。红卫兵的造反对象就是当时学校的教育体制,而这些体制的代表者就是教师。红卫兵造反的目的就是要把学校搞乱,把教师打倒。在得到毛泽东明确表态之后,学校遭殃、教师倒霉的时期开始了。

(2) 高校英语教师的对政治形势的屈服

在这种政治形势的压力之下,高校英语教师和其他知识分子一样,无论出于自己的主观感情,还是由于来自社会的客观压力,都不得不接受社会形势给自己造成的不利身份。

首先,在主观感情上,出于对毛泽东极高威望的尊重,加以自身存在的封建思想残余,使得高校英语教师在认识到自己不被毛泽东所信任时没

---

① 张广芳:《十年动乱期间的"教育革命"》,《广东党史》2001年第2期。

有发出任何抱怨和委屈,而是"默默地检讨自身对领袖的亏欠。"①

其次,自 20 世纪 50 年代后期以来,在毛泽东"在无产阶级文化大革命中,必须有组织地发展无产阶级左派队伍,并且依靠他们发动群众,团结群众,教育群众"的指示下,受到"左"倾思想影响的一些高校英语教师及时地认同了毛泽东的理论,并率先形成了"左派队伍"。在这些人的影响和督促下,高校英语教师普遍接受并认同了"文化大革命"对自己身份和地位的定位,并开始了自身改造。

另外,由于多数人心中的"思想从众"心理,再加上当时思想认识幼稚而偏激的"红卫兵"采取大量粗暴野蛮的行为方式对待广大教师,他们"怀疑一切,打倒一切"的做法促进了高校英语教师们的屈服。面对浩浩荡荡的"文革"大潮所造成的政治态势,在举国上下一片"革命"呐喊之声的政治氛围中,高校的英语教师们不得不向现实低头。他们承认了自己身份的卑微,认同了自身地位的低下,并通过对自己身份和地位的批判斗争来表示与自己过去的决裂。

(3)"文革英语"是高校英语教师认同形势的具体表现

当时全国的政治态势都是如此,顺之者昌,逆之者亡。如果能够认清形势,及时改变自己的政治态度,努力争取为时代潮流所接受,就会获得生存下去的机会,甚至有可能成为主宰别人命运的人。如果固执己见,以个人微弱之躯与时代抗衡,就要被打倒,被时代所抛弃,甚至家破人亡。面对这种不利时局,出于对自身生存的维系和自身利益的保护,知识分子群体不得不采取接受现实的做法,即承认自身地位的卑微和落后,然后再在此基础上通过改造自身来实现身份重建,回归"文革"潮流。与此同时,他们通过学习政治、提高觉悟来表示对形势的认同和向主流意识的归顺。高校英语教师屈服于形势压力、认同自己身份的目的,就是要以自身的"革命行动"来表明其"革命"态度,以期由此建构起"革命身份",为时代所接受。实现其群体的继续生存和发展,实现自身的社会价值。在所有的知识分子都在用自己的方法改造自己,争取早日回到"文革"队伍的潮流中,高校英语教师做出了自己的抉择——结合自身所学专业,创造

---

① 马英民:《"文化大革命"时期民众主流意识探析》,《党的文献》2003 年第 6 期。

与当时的"文革语言"相呼应的"文革英语"。

"文革语言"是研究"文革"现象的学者们使用的词汇,很多被访谈的退休教师都对这个词不太适应。经历过那个年代的洗礼,加上后来社会舆论对"文革"的否定,他们都不愿意把自己所拥有的东西标上"文革"二字。提到"文革"期间学习的英语,他们都愿意用"革命"二字来修饰它。

访谈记录:

"我们那时候学的就是革命英语,都是从当时那些政治词语中翻译过来的,现在想象就觉得可笑。比如说'地主'这个词,英语里的'landlord'那可是个好人,可是到了革命英语里就变成有中国意味的'大坏蛋'了。基本都是这样,很牵强地翻译过来的。不说不行啊,英语在那时候不是用来会话的,是用来标识身份的。一来你说革命英语就能证明你是革命的,二来也能证明你是学英语的。北外的,还有上外的书,都是翻译的那些革命话。"(nenu2008ZFQ)

"我们不管那叫'文革英语',当时都说的是'革命英语'。其实我觉得这个概念的时间挺长,我们当学生时候学的是'革命英语',后来当老师了,教的也是那些玩意儿,都挺革命的。我觉得那时候学的'革命英语'都是说给别人听的,也没有用的地方啊。看看当时我们那些老师,都因为教英语活的那么惨,谁还敢学他们那些东西啊。应该说一直到1976年'文革'结束,我们都在学'革命英语'。"(jlu2008LXB)

二 仿制"文革语言" 创造"文革英语"

"文革英语"的主要表现是语码转换。"语码转换不是出自语言使用者个人的语言使用习惯,而是他在充分理解语码转换的意义和规则的前提下,有意识地通过对语言策略的变通和语言内容的选择来建构自己的社会身份及地位,实现其参与社会活动的目的"。[1]"文革"是

---

[1] 李茹:《在语言选择中构建社会身份》,《山西农业大学学报(社会科学版)》2008年第1期。

中国政治生活反常的产物，是中华民族历史上前所未有、触目惊心的全方位浩劫。这场浩劫不仅使中国的经济建设濒于毁灭，使国人在政治、思想、文化、生活等各个方面陷于空前混乱，而且在语言运用上也发生了悲剧性的骤变，产生了所谓的"文革语言"（其实只能称为"言语"或"话语"）。①

"文革语言"的一个明显特点就是在话语中出现大量的"革命词汇"。诸如反映当时社会特有的事物和社会现象的"红海洋、革委会、语录歌、忠字舞、天天读、早请示、晚汇报、牛棚"等；还有指称某种新的"政治形象"。如"走资派、三反分子、黑帮、黑司令、黑五类、牛鬼蛇神、红司令、红五类、红卫兵、造反派、保皇派、逍遥派、工宣队"等；再有就是当时常用的政治用语"红宝书、老三篇、黑会、黑电影、黑日记、横扫、触及灵魂、最高指示、斗私批修、活学活用、三忠于、四无限、斗批改、上管改、文攻武卫"等。②

"文革语言"的另一个突出特点就是歌功颂德、凸显政治。具体表现为话语中经常出现歌颂中国共产党、歌颂毛泽东，以及歌颂社会主义建设成就的语句。诸如"毛主席、共产党领导我们走上幸福路"、"伟大的社会主义事业前程似锦"、"在毛主席的领导下，将无产阶级文化大革命进行到底"、"听毛主席话，跟共产党走，沿着社会主义路线不回头"、"只有共产党、毛主席才能领导人民翻身得解放"、"从一个胜利走向了另一个胜利"、"奔向共产主义的美好明天"等等。

"文革语言"还有一个特点就是造"神"。诸如"中国是世界革命的中心"、中国是整个世界革命的"井冈山根据地"，毛主席是"太阳"、"万物生长靠太阳"、"毛泽东是全世界无产者和被压迫民族心中的红太阳"、"毛泽东思想光芒照全球"、"毛泽东思想是最高最活的马克思主义"、"当代马克思列宁主义的顶峰"等话语出现的频率极高。

"文革语言"中这类话语的频繁出现，表面上看是在颂扬毛泽东及其发动的"文化大革命"，可实际上，也反映出这些话语的始作俑者和传扬

---

① 聂焱：《论"文革语言"对言语交际基本原则的违背》，《固原师专学报》2005 年第 5 期。
② 陈建民：《中国语言和中国社会》，广东教育出版社，1999。

者的奴性心态。这种奴性心态包含两个方面：一是用"革命"的话语标榜自己的"革命"身份，以期在这场政治运动中能够显山露水，达到个人野心的实现。二是用"革命"话语为自己建构护身符。在一个类似封建"文字狱"社会的年代里，一个人可以因为一时的言语不慎而招致灭门之灾。如果不人云亦云，不按照当时大家都遵循的政治"套路"说话，不一定哪个用词或者哪一句话就会断送一个人的前途和生命。因此，在"文革"期间经常套用"文革语言"中的上述"革命"句式，是在保护自身安全的前提下，建构一个人的"革命"身份，实现个人野心的最稳妥办法。金立鑫将"文革语言"现象斥责为"一代中国社会群体的'集体说谎症'"。他说："由于这种'说谎症'已经成为一种集体行为，那它就必然造成时代的悲剧，也影响了'文革'以后的一代人，甚至几代人。现在中国社会的相当一部分话语者都在违背这一原则，最让我们担心的是它可能会造成整个民族文化的异化，造成民族品格的灾难。"①

"文革英语"的出现，是高校英语教师为了有意识地建构自己的"革命"身份，在发挥自身优势，结合自身专长的基础上创造出来的语言变异现象。它的出现，与"文革语言"有异曲同工之效。如果说"文革语言"是"文革"时期全国上下通用的"革命用语"，那么"文革英语"就是在高校英语教师中通用的"革命用语"。"文革英语"与"文革语言"的特点十分相似：

第一，政治意义突出，"革命性"强。"文革英语"在词汇方面出现了很多与"文革语言"相对应的"革命"用词，诸如 worker、peasant、red guard、rebel、revolutionary、communism、socialism、black gang 等单词在英语教学中频繁使用。歌颂社会主义、歌颂党和毛主席的语句在教材中大量涌现，具有时代政治气息的文章被选为课文内容等现象都与"文革语言"雷同。

第二，在把大量"文革语言"中歌功颂德的语句翻译成英文的过程中，由于用词的牵强附会和语法的不伦不类，造成了一种严重的"文革化"中式英语。

---

① 金立鑫：《关于"文革语言"的反思》，《语文建设》2000 年第 6 期。

第三，语法结构简单，句义直白。因为"文革语言"在语法上多表现为短促、命令、感叹之类的直白句，"文革英语"也承袭了这个特点。

"文革英语"的出现和使用，给高校英语教师提供了一个独特的、建构自己"革命"身份的途径。通过在教学和日常生活中使用"文革英语"，高校英语教师逐渐建构了自己与当时所有"革命群众"的平等身份，并因此得以回归"文革"大潮。"文革英语"使他们摆脱了"血统论"带来的不利身份，理直气壮地成为了"革命一员"。

三 "文革语言"和"文革英语"的区别

(1) "文革语言"和"文革英语"属于不同的语言变异类型

布鲁默的符号互动论的第三条主张认为：当个体在应付他所遇到的事物时，他通过自己的解释去运用和修改这些意义。① "文革英语"这种语言变异现象的出现，与以往任何时期的语言变异都不相同，它的产生过程极其特殊。语言变异从不同角度可以有不同分类。根据语言使用主体是否有意识地使用某一变异形式，语言变异可以分为有意识变异和无意识变异。②

按照这种分类，"文革英语"属于有意识的语言变异，它是高校英语教师群体主动创造出来的语言变异。从以往的语言变异研究看，其研究对象都是在社会中已经存在的语言现象，语言使用者通过对这些语言现象的适应和使用建构自己的社会身份。在这种情况下，身份建构所引用的语言变异素材都已经在社会上出现，是现成的语言现象。语言使用者在使用这些语言变异现象来建构社会身份时，表现出来的是对语言变异的被动接受。

"文革英语"与以往的语言变异现象不同，它既不是社会变迁直接导致的语言变异，也不是已经存在于社会之中的语言变异。它是高校英语教师群体为了挽救自己的政治命运，重新建构自己社会身份而主动创造出来的、目的性极其明确的语言变异。确切地说，"文革英语"是一种应时代潮流而生的、人为地语言变异。

---

① 侯钧生：《西方社会学理论教程》，南开大学出版社，2001。
② 阮畅：《语言变异研究综述》，《唐山学院学报》2003年第1期。

（2）"文革语言"和"文革英语"拥有不同的语言变异起因

不同的"文革语言"和"文革英语"固然有语言种类方面的区别，但是两者在起因方面的区别才是最具实质性的。"文革语言"是"文化大革命"运动的直接产物。这场运动使社会各个层面发生了巨大变化，人们的语言在这场运动中也发生了重大的语言变异，这就是"文革语言"。"文革英语"是"文化大革命"运动的间接产物。它是高校英语教师群体在迎合形势、拯救自我的前提下，通过仿制"文革语言"的内容而人为"创造"出来的语言变异。"文革语言"是社会动乱带来的产物，是社会变迁导致的直接结果，其产生过程是被动的。"文革英语"是高校教师思想转变带来的产物，是社会变迁导致的间接结果，其产生过程是主动的。正是"文革英语"在产生过程中的主动性，使得它和其他语言变异现象在使用目的和使用手段方面产生了很大的区别。

由于"文革英语"是高校英语教师人为创造出来的语言变异，所以它在时间和空间上没有任何前提和限制。高校英语教师可以随时按照自己的意愿来创造符合自己目的的语言变异现象，在词汇、语体甚至语篇方面，他们都可以随心所欲地为建构自己的社会身份而创造出各种变异成分。同时，在使用这种语言变异现象来建构自己社会身份的过程中，高校英语教师还可以随时按照时代的要求和形势的变化，对这些语言变异现象进行及时调整，使其更加符合建构自己社会身份的要求。

从语言变异类型的角度看，"文革英语"属于由部分群体变异发展而来的言语社团变异；由于它是语言使用主体有意识使用的变异方式，因而也属于有意识的语言变异。

作为语言变异现象，"文革英语"具有其他语言变异所不具备的突出特征，使得对它的研究具有典型的代表意义。首先，"文革英语"虽然被看作一种有意识变异，但它出现的原因不是语言使用主体有意识地"使用"，而是有意识地"创造"。它是高校英语教师为了建构自己的社会身份，通过仿制"文革语言"特意"创造"出来的语言变异现象。因此，"文革英语"比其他形式的有意识语言变异更具有人为的主观性，其目的性更明显，建构作用更突出。其次，"文革英语"作为英语的语言变异现象，在历史上绝无仅有。无论从"文革英语"词汇构成和语句形式，还是其语调变化和语篇组织，都与英语历史上出现的任何语言变异现象迥然不同。此类只存在于中国"文化大革命"时期的、"空前绝后"的语言变异现象进一步说明了其稀有的研究价值。再次，"文革英语"完全丧失了语言的基本功能——交流。高校英语教师创造"文革英语"的目的，不是用其进行话语交流，而是要建构自己的社会身份。

"文革英语"在实现了对高校英语教师社会身份建构的同时，也因其自身的高度政治化而形成了一种语言奢化现象，更因其对"文革语言"的仿制而成了一种语言暴力。这两种语言特征为社会发展提供了反面启示：只有抵制类似"文革英语"和"文革语言"的语言奢化和语言暴力，才能从语言的角度缓解社会矛盾、实现社会和谐。

第六章
"文革英语" 的语言变异表现

《世界华人周刊》[①] 上曾经佚名发表了一篇题为 "文革时我们是这么学英语的" 的文章, 对 "文革英语" 语言变异做了比较生动的描述。

上世纪70年代中期, 正是 "文革" 的尾声, 社会混乱, 教育秩序和质量也极差。但在那个特定的年代, 我们所学的英语却具备了一些当时特定时代的鲜明特点, 现在看起来也非常有趣和滑稽。记得当时学校所教的第一句英语就是毛主席万岁! 万万岁! (Long Life Chairman Mao! A Long Long Life to Chairman Mao!) 这句话整整教了一个学期。我那时由于家远, 去学校经常迟到, 每天到校的时候从各个教室都会传出学生们所念的参差不齐, 有时还有些有气无力的英语。当然那时我们还学了一些中式英语, 例如天安门 (Tian An Men)、红五星 (Red Star)、红旗 (red flag)、红心永向毛主席 (the steel workers' hearts are with Chairman Mao)、东方红, 太阳升, 中国出了个毛泽东! 千万不要忘记阶级斗争! 缴枪不杀等话, 害得我们每天上英语课都异常头疼。而这些特定时期我国所创造出来的中式英语, 在我有时酒醉或其他特定的时候偶尔突然从脑海深处冒出来与英语极好的现在已是高三的女儿说起交流时, 她也竟会听得一团雾水, 不知所云。其实细细想起来, "文革" 后期英语教育最为显著的特点就是英语词汇的 "文革" 化, 即上述提到的一些中式英语。例如: 毛主席 (Chairman Mao) (当时我如何也不能理解为什么外国人非要

[①] 网络杂志, 这篇文章发表于该周刊 2008 - 02 - 09 17:45:39。

把椅子上的人称为主席),"文革"化英语现在我还能想起来的还有阶级斗争(class struggle)、同志(comrade)、战友(comrade-in arms)、"文化大革命"(the cultural revolution)、中国人民解放军(the People's Liberation Army)、伟大的航程(A Memorable Voyage)、红太阳(red sun)、一颗红心(A Red Heart)、社会主义建设(socialist construction)等。"文革"后期英语教育的一个显著特点就是当时教材所选的英语词汇大多都与"文革"那个时代流行的特殊时尚相关。例如：舵手(helmsman)、航线(course)、救星(saving)；枪(gun)、冲锋枪(Tommy-gun)、大刀(broadsword)、手榴弹(grenade)、胜利(victory)；人民(people)、工人(worker)、农民(peasant)、教师(teacher)、学生(student)、工厂(factory)、学校(school)；阶级(glass)、地主(landlord)；还有一些像伟大的(great)、英明的(wise)等形容词,记得当时我唯一喜欢的一个单词就是向日葵(sunflower),觉得这个英语单词无论在书写还是发音上都是那样的美好。

这段回忆性的文字从感性的角度展示了"文革英语"语言变异的一个侧面。而真正在"文革"期间出现的英语语言变异,是一个先制定语言策略,然后由词汇、语句、语调和语篇等各种变异现象全面跟进,综合形成的一个变化过程。它体现了"文革英语"的始作俑者——高校英语教师为了建构自己的革命身份而采取行动的语言设计思路和实现手段。

第一节 "文革英语"的语言策略

语言策略的本质是实现合理沟通。哈贝马斯就如何实现沟通行为合理化提出了如下建议性措施。第一,在对话过程中要选择适当的语言。即对话的双方在表达自己的过程中,都应该选择一种能让对方了解自己的正确语言。否则言语行动就会受到阻碍,甚至被歪曲。第二,对话双方都要承认和尊重共同的言语规范。沟通行为的合理化取决于社会全体成员对话语规范标准的认可,所以,已经得到社会承认和尊重的话语规范标准必须能够代表大多数人的意志，必须被大家普遍接受和遵循。①

在创造"文革英语"之前，高校英语教师先进行了语言策略方面的准备。确立了语言内容政治化和语言层次大众化两个基本格调，并在此策略的指导下开始了"文革英语"的形成过程。

一　什么是语言策略

语言策略即语言在实际社会生活中得以运用的原则、方法和技巧，可以根据语言使用者的需要作出调整。英国语言学家利奇②（Leech）把语言策略分为人际修辞和篇章修辞两类，他的"修辞"指的是在交际中有效地运用语言，它由交际双方所遵循的原则和准则组成。③"文革英语"的语言策略，指的是在"文革"背景下，高校英语教师对英语教学策略进行的调整。它的具体操作方法是语言主体转换。语言主体转换指的是语言在实际社会生活中被使用时，其主要内容的蕴涵指示发生了变异。

具体而言，"文革英语"中的语言主体转换，就是"文革"时期的高校英语教师以"文革语言"为蓝本，把出现在"文革"政治热潮中的词汇和语句翻译成英语，并在英语的教材、教学中予以体现和运用。这种对当时英语学习的主要内容所进行的更改，使得高校英语教学的语言主体发生了转换，英语从以前的语言、社会和历史等方面的文化蕴涵，转变成为"文革"时期阶级斗争和时代潮流等方面的政治蕴涵。

Leech 把语言学中的礼貌原则④和合作原则⑤看成调整语言策略的规范性指导。用礼貌原则分析"文革英语"中的语言主体转换，可以得出两方

---

① Jay Ellis: "International Regimes and the legitimecy of Rules: A discourse—Ethical Approach" Alternatives, 27, p. 282.
② 见书后人物注释 23。
③ Leech: Principles of Pragmatics, 1983.
④ Leech 的礼貌原则包含了六项准则，即得体准则（tact maxim）、慷慨准则（generosity maxim）、赞誉准则（approbation maxim）、谦逊准则（modest maxim）、一致准则（agreement maxim）和同情准则（sympathy maxim）。这些准则的基本思想是：尽量多使别人受益，多让自己吃亏；尽量多赞誉别人，多贬低自己；尽量增加双方的同情，减少双方的分歧。
⑤ 格赖斯的会话含义理论（conversational implicature）中提出合作原则（cooperative principle），包括四大准则：数量准则（maxim of quantity），质量准则（maxim of quality），关系准则（maxim of relation）和方式准则（maxim of manner）。

面的原因：一方面，"文革英语"中的语言主体转换是为了博得当时社会的认可，从语言方面获得融入当时社会的资格，符合礼貌原则中的同情准则；另一方面，"文革英语"中的语言主体转换是为了迎合当时社会的言语形式需求，以此证明自己对当时社会政治形势的态度，符合礼貌原则中的一致准则。

"文革英语"语言策略变异出现的原因，是当时的高校英语教师在身份沦落的状态下，要通过使用"文革英语"的语言变异现象来达到建构自己"革命"身份的目的。但是，要达到这个目的，仅在"文革英语"的词汇、语句和语法等微观方面发生变异是不够的。这些现象都是表面形式的变异，它们只能说明高校英语教师开始了"投身革命"的基本动作。但是，要想真正向社会体现他们的"革命意志"，实现他们在思想觉悟方面的全方位转变，达到建构自己社会身份的目的，就需要在宏观方面实现对"文革英语"整体操控的策略变化，即语言策略变异。

布迪厄认为，"在人们的语言交往中，人们所完成的并不只是语言文字符号及其意义方面的交换，而是不同的个人、团体、阶级和群体之间的社会地位和社会势力的交流、调整、比较和竞争，也是他们所握有的权利、资源、能力及社会影响的权衡过程。语言论述、说话方式以及各种语言运用的策略，在现代社会中，都具有特殊的意义，并在当代社会的权力斗争、正当化程序、区分化以及社会结构重构中，发挥特殊的社会功能。"① 因此，实现"文革英语"的语言策略变异，不但可以使高校英语教师掌控和指导"文革英语"的全方位变异现象，而且能够策略性地向整个社会展示他们在"灵魂深处"已经形成了一种"革命"的主观能动性，以此营造这样一个氛围：让社会认识到他们在思想觉悟层面的"革命觉悟"，这才是"文革英语"语言策略的真正目的。

二 策略之一——语言内容的政治化

"文革英语"语言内容的主要来源是"文革语言"。"文革语言"指

---

① 侯钧生：《西方社会学理论教程》，南开大学出版社，2001。

的是在"文革"政治形势和极左观念的制约下出现的政治语言。"文革语言"因严守规范而缺乏活力,语言浅白单调且缺少内涵,呈现出一定的病态。① 为了建构自己的政治身份,"文革"时期的高校英语教师创造了"文革英语"。为了在政治上符合时代要求,更充分地表现高校英语教师的革命形象,他们把大量出现在"文革语言"中的词汇和语句翻译成英语。在形成"文革英语"语言主体转换的同时,把大量与"文革"内容有关的语言现象充斥到"文革英语"中,造成了"文革英语"语言内容政治化的结果。

"文革"时期高校使用的英语教材是许国璋的《英语》②,就是"文革英语"语言策略变异的典型例子。在该教材的编写过程中,出现了偏重政治思想性的语言策略变异。这种语言策略的变异,导致在该书中融入了大量反映中国"文化大革命"和外国无产阶级革命的内容,这就使得许国璋《英语》的语言实践性荡然无存。教材内容不仅偏离了正常的语言知识和社会知识,而且使用了大量与英语教学无关或者关联甚少的内容。这种语言策略变异导致的方向性偏差,是"文革英语"抄袭"文革语言"现象的必然结果。

由于当时社会上"血统论"思潮对人们观念的支配,与"红五类"有关的工人、农民、解放军等词汇以及和这些概念相关的词汇大量地出现在"文革语言"中。"文革英语"在翻译"文革语言"的过程中,形成了以"文革语言"的词汇和内容为核心的语言主体转换。

对许国璋③《英语》所有四册书的目录作了统计,发现在全部 61 篇课文中,有 35 篇发生了语言主体转换现象,占课文总数的 62.5%。④

详见下面的表格:

---

① 孙德喜:《高度理性化的独语——"文革"文学语言论》,《武汉大学学报(人文科学版)》2002 年第 1 期。
② "文革"时期最流行的一套英语教材,书名是《英语》。该教科书的一、二年级部分由许国璋编写,三年级部分由俞大絪和吴柱存编写。因此常常被人们称为"许国璋《英语》"。
③ 见书后人物注释 24。
④ 第一册的前五课属于纯语音教学,没有课文,所以没有计算在内。

	英文题目	中文题目和课文大意
第一册	An English lesson	一堂英语课：革命同志之间的共同进步
	Our Class	我的班级：对一个革命集体的描述
	Our Monitor	我们的班长：一个革命的年轻人
	A Neighborhood Service Center	街坊服务中心：对互相帮助的社会主义新生活的赞美
	A Letter to a Friend	给朋友的一封信：对"文革"政治生活的描述
	An Announcement	通告：有关政治活动的安排
	Study as Lenin Studied	像列宁一样学习：对革命领袖美好品德的颂扬
	The Cock Crows at Midnight	半夜鸡叫：旧社会农民与地主的斗争
	A Day of Harvesting	收获的一天：对农民生活的向往
	My Home Town	我的故乡：对新社会、新生活的赞美
第二册	A Letter from Peking	北京来信：对新中国建设事业的歌颂和赞叹
	An Outing	一次郊游：歌颂与贫下中农的友谊和农村生活
	Meet Violence with Violence	以血还血：用美国人的文章来痛斥资本主义世界的反动
	Ministers with Pick and Shovel	拿着锄头和镐头的干部们：共产党干部的平易近人
	May Day	五一：天安门前的群众游行，庆祝盛大的节日，为新生活而欢呼
	A Red Army Man's Cap	红军的帽子：一个年轻人在长征途中的梦想
第三册	A Sweet Potato Plot	地瓜田：对红军战士认真执行革命纪律的表扬
	Golden Trumpets	金色的小号：对资本主义社会虚伪民主的抨击
	China	中国：对社会主义国家和人民的赞美和歌颂
	Oliver Wants More	奥利弗还想要：对资本主义国家剥削制度的血泪控诉
	Lenin in London	列宁在伦敦：描述了革命领袖的伟大志向
	The Last Letter of Patrice Lumumba	帕特里克的最后一封信：第三世界人民独立斗争的典范
	A Doctor Sent By Chairman Mao	毛主席派来的医生：对党的民族政策的歌颂
	The Great Hall of People — A Foreign Visitor's Impression of Peking	人民大会堂——一个外国参观者对北京的印象：新中国日新月异的变化
	The Cop and the Anthem	警察与赞美诗：抨击资本主义国家法律制度的腐朽
	To China at Ninety	90岁写给中国的信：外国人眼中的伟大中国

续表

	英文题目	中文题目和课文大意
第四册	Mother	母亲：坚强的革命妇女
	The Dog Must Die	这条狗必须死：资本主义国家老年人凄惨的晚年
	The Necklace	项链：小资产阶级的虚荣心受到无情鞭笞
	The Red Storm	红色风暴：描述了共产党领导的革命大罢工
	Dinners and Negotiations	宴会与谈判：对二战中斯大林的赞美
	The Glorious Whitewasher	光荣的粉刷工：美国社会里工人的不幸
	Reminiscences of Marx	马克思回忆录
	The Song of Youth	青春之歌：汉语《青春之歌》的英译
	Homeland for My Soul	我灵魂的归宿：美好的第三世界的国家
	Pennies and People	零钱和人们：金钱至上的资本主义社会
	The Long Quest	长期的探索：对坚忍不拔的精神的宣扬

从这个表格的统计内容可以看出，列出的37课课文基本上都属于歌颂社会主义、鞭笞资本主义、歌颂毛主席和共产党这几个方面。这说明上述语言主体在转换之后所蕴含和指示的内容都是符合"文革"时代政治标准的。这种语言主体转换所展示的语言策略，向当时的"文革"社会证明了这样一个观点："文革英语"是革命的，"文革英语"的创造者——高校英语教师也是革命的。

除了课文内容之外，"文革英语"还抄袭了大量"文革语言"中的词汇和语句，词汇列表如下：

英语	汉语	英语	汉语
Worker	工人	Factory	工厂
Peasant	农民	School	学校
Parade	游行	Hardworking	勤劳
Commune	公社	Revolutionary	革命者
Pioneer	先锋	Revolution	革命
Student	学生	Fight	斗争
Monitor	班长	League	团
Slogan	标语	Secretary	书记
Party	党	Steel Works	钢铁厂

续表

英　语	汉　语	英　语	汉　语
Patch	补	Physical	体力的
Labor	劳动	Wallpaper	墙报
Red Flag	红旗	Current Affairs	时事
Socialist	社会主义	National Day	国庆节
Party's History	党史	Co－op	合作社
Great Leader	伟大领袖	Weapon	武器
Lenin	列宁	Countryside	乡下
Example	榜样	Village	村庄
Field	田野	Victory	胜利
Go all out	鼓足干劲	Headquarters	司令部
Socialism	社会主义	Monument	纪念碑
Review	检阅	Staunch	坚强的
Front	前线	Shovel	锹
The Long March	长征	Model Worker	模范工人
Instructor	指导员	The General Line	总路线
Furnace	熔炉	Ordinary	普通
People	人民	Down with	打倒
Counter－Revolutionary	反革命	Go up to the Mountains and go down to the Country	上山下乡
the Great proletarian Cultural Revolution	无产阶级文化大革命	Production Team	生产队
the Great Networking	大串联	Struggle Meeting	批斗会
Enemy Station	敌台广播	the White－Haired Girl	白毛女
the East is Red	东方红	Rightist	右派
Model Plays	样板戏	Jump the Rubber Band	跳皮筋
Little Red Book	小红本	the Quotation Song	语录歌
May Seventh Cadre School	五七干校	Learning from the Farmers	学农
Poor and Low－middle－class peasants	贫下中农	Ten－Thousand－People Mass Meeting	万人大会
Cut the Tail of Capitalism	割资本主义尾巴	Armed Struggle	武斗
Literal Struggle	文斗	Movement	运动
Militia	民兵	Invader	侵略者
Political	政治的	Liberation	解放

续表

英　语	汉　语	英　语	汉　语
Army	军队	Uprisings	起义
Candy Man	糖人	Stalin	斯大林
Harvest	收割	Class	阶级
Construction	建设	Struggle	斗争
Chairman Mao	毛主席	Red Star	红星
Practical	实践的	Fall behind	落后
Announcement	通知	Parade	游行
Inspiring	鼓舞人心的	Communist	共产主义的
Rostrum	主席台	Jump Robe	跳绳
Heroic	英雄的	Little Red Soidier	红小兵
Happiness	幸福	Destroy the Four Olds	破四旧
Construction Site	工地	Guerilla	游击队
Capitalism	资本主义	Tomb Cleaning	扫墓
Compare Past Misery and Present Happiness	忆苦思甜	the Rooster Crowing in the Middle of the Night	半夜鸡叫
Receive Reeducation	接受再教育	the People's Commune	人民公社
Stinky Old Nines	臭老九	Comrade	同志的
Battle	战斗		

语句列表如下：

英　语	汉　语
He is from a worker's family.	他来自一个工人家庭。
He talked with workers and peasants and learned a great deal from them.	他和工人和农民们交谈并学会了很多东西。
He was always close to the people, and the people loved him.	他总是和人民打成一片，人民都热爱他。
Many of them had been peasants or workers themselves and were used to physical labor.	他们当中很多人都是工人和农民出身，都习惯于体力劳动。
Half a million people took part in the parade.	有将近50万人参加了游行。
There were workers, peasants from the communes, young Pioneers, students, people's militia.	有工人、公社社员、少先队员、学生和人民民兵。

续表

英　语	汉　语
The Chinese are a hard-working people with a rich cultural heritage and a splendid revolutionary tradition.	中国人民是勤劳的人们，具有丰富的文化遗产和光辉的革命传统。
History, too, shows that the Chinese people have always loved freedom.	历史说明中国人民一直都热爱自由。
They have fought to defend it in hundreds of peasant uprisings and battles against foreign invaders.	他们发动了上百次农民起义来和外国侵略者进行斗争。
These questions are being discussed by the rank and file in the communes, in the factories and the offices.	农村、工厂、办公室，各行各业都在讨论这个问题。
He is a good student. He studies hard.	他是个好学生，学习很努力。
Everybody says he is a good comrade.	人人都说他是个好同志。
There he was a leader of the student movement and took an active part in revolutionary work.	在那里他是学生运动的领袖，积极参加革命活动。
Everything has changed since liberation.	新中国成立后一切都发生了变化。
What tremendous advances we have made on all fronts in the short years since liberation!	新中国成立后我们在各行各业都取得了巨大的进步！

　　语言学家利奇在他的 Principles of Pragmatics 一书中把礼貌原则细分为六项准则，其中的"同情准则"（sympathy maxim）指的就是"减少自己与他人在感情上的对立"，即"尽量减少双方的反感，尽量增加双方的同情"。"文革英语"在进行语言主体转换的过程中实现了向"文革语言"的积极靠拢，减少了高校英语教师与"文革"社会之间的反感，增加了两者之间的同情，在"文革"社会中建构了自己的"革命"身份。这个结果是对语言策略进行成功运用的经典范例。

　　从上面诸项列表分析，语言内容政治化的策略对"文革英语"的形成起到了以下作用：第一，"去西方化"的作用。通过将英语中原有的、西方文化色彩浓厚的词句段章进行删改，使"文革英语"的内容完全符合了"文革"时期的政治要求，成为烘托"文革"气氛，建构政治身份的工具。第二，表现阶级立场的作用。"文革英语"中出现的大量与工人、农民、解放军等有关的"阶级"词汇和语句，表明了使用"文革英语"的教师和学生的阶级立场。第三，体现了高校英语教师对原有英语内容的批判意识。

三 策略之二——语言层次的大众化

"文革英语"的实际语言水平很低，造成这种情形的原因分两个方面。从客观方面分析，在"文革""外语无用"思想到处泛滥的情况下，高校"崇洋媚外"、"里通外国"的大棒四处横飞，一切带有"外"字的都被说成是反动的，凡是外国的东西都不准接触，英语教学无法按照正常秩序进行下去，教学水平自然受到很大影响。

当时引进的原版外语教材因为具有照搬西方文学体系和教条主义的倾向而遭到猛烈批判，全部被废弃不用。外国古典文学作品被封存，外国的报纸刊物、电台广播和原版电影等更被视为禁区。由国内教师编写的英语教材基本上都是国内形势教育的翻版，或者是国外故事的改版，语言难度因此大大降低。[1]

由于招生制度的改革，大批没有受过正规中学教育的学生涌入高校，直接降低了高校的教学起点。英语教学从照顾多数学生的角度出发，不得不把课程设置降到最低点——从字母和发音学起。

从主观方面分析，高校英语教师推出"文革英语"的目的，是要在当时的社会条件下建构自己的"革命"身份。要达到这个目的，必须让所有接触到"文革英语"的人读懂并接受其中的政治内容。只有这样，他们在整个社会中的"革命"身份才能被理解和认可。鉴于当时文化水平低下和教育基础薄弱的社会状况，要想达到让多数人都理解和接受"文革英语"，"文革英语"的水平就必须大众化，让很多人都能读懂学会。出于这个目的，"文革"时期的英语教学水平出现了严重的倒退局面。

以许国璋《英语》为例：这套书共分四册，第一册从发音讲起，主要面对初学者；第二册开始有短篇课文，属于语言提高阶段用书；第三册开始拔高，课文篇幅已经超过百词，语法教学在这册书中基本讲授完毕；第

---

[1] 付克：《中国外语教育史》，上海外语教育出版社，1978。

四册属于高层次教学，词汇量和课文篇幅加大，原版作品用量递增。虽然这套教材的整体趋势呈递进上升，但是限于当时教与学的实际水平，本应属于教学高层次的第三、第四两册书的总体水平依然不高。尤其是第三册，所有课文的语法结构都十分简单。

这种表面阳春白雪，实际下里巴人的情况，既是当时教学秩序混乱、教学水平低下的一个反映，又是高校英语教师努力营造"文革英语"的可接受性、外化其思想政治化、行动革命化的主观行为体现。

下面的内容以许国璋《英语》第三册中的两篇课文为例，对"文革"时期处于比较高级水平的英语课文进行解析，从中可以看出语法结构简单的语句几乎占据整篇课文。为了方便统计，整篇课文都以单句的形式列出，属于简单句的语句都在下面划了横线。

第一篇：

THE BLIND MEN AND THE ELEPHANT[①]

1. There were once six blind men in India, who stood by the roadside every day, begging from the people who passed.

2. They had often heard of elephants, but they had never seen one; for being blind, how could they?

3. It so happened one morning that an elephant was being driven down the road where they stood begging.

4. When they were told that the great beast was before them, they asked the driver to let him stop so that they might see him.

5. Of course they could not see him with their eyes, but they thought that by touching him they could learn just what kind of animal he was.

6. For, you see, they trusted their own sense of touch very much.

7. The first happened to put his hand on the elephant's side.

8. "Well," he said, "now I know all about this beast. He is like a wall."

---

① 中文翻译：盲人和象。

9. The second felt about the elephant's tusk.

10. "My brother," he said, "you are quite mistaken.

11. He is not at all like a wall.

12. He is round and smooth and sharp.

13. He is more like a spear than anything else."

14. The third happened to take hold of the elephant's trunk.

15. "Both of you are entirely wrong," he said.

16. "Anybody who knows anything can see that this elephant is like a snake."

17. The fourth reached out his arms, and grasped one of the elephant's legs.

18. "Oh, how blind you are!" he said.

19. "It is very plain to me that he is round and tall like a tree."

20. The fifth, being a very tall man, happened to take hold of the elephant's ear.

21. "The blindest man ought to know that this elephant is not like any of the things you name," he said.

22. "He is exactly like a huge fan."

23. The sixth was very blind indeed, and it was some time before he could find the elephant at all.

24. At last he got hold of the elephant's tail.

25. "Oh, silly fellows!" he said.

26. "You surely have lost your senses.

27. The elephant is not like a wall, or a spear, or a snake, or a tree; neither is he like a fan.

28. But any man with a little sense can see that he is exactly like a rope."

29. Then the driver and the elephant moved on, and the six men sat by the roadside all day quarrelling about the elephant.

30. Each believed that he knew just what the beast looked like; and they called each other names because they could not agree.

31. It is not just blind men who make such silly mistakes.

32. People who have eyes sometimes act just as foolishly when they take a one-sided view of things.

整篇课文由 32 个英语语句组成。其中属于简单句的语句共有 26 句，简单句的数量占整篇课文语句总数的 81.25%。《盲人和象》是初中刚刚开始学习英语时就应接触到的作品。许国璋《英语》的第二册是与初中教学水平相当的教材，可是《盲人和象》却出现在该套书的第三册中，这说明当时的英语整体水平已经很低了。

第二篇：

THE COP AND THE ANTHEM①

1. Winter was coming, and Soapy, one of the many thousands of New York pickpockets, felt uneasy.

2. He knew that the time had come for him to look for shelter.

3. Soapy's desires were not great.

4. Three months in prison was what he wanted.

5. There he was sure of a little food and a bed, safe from the winter wind and the cold.

6. For years prison had been his shelter during the winter.

7. Now the time had come again.

8. Having decided to go to prison, Soapy set about fulfilling his desire at once.

9. There were many ways to do this.

10. The most pleasant way was to get a good meal at an expensive restaurant, and then, after saying that he could not pay, be quietly arrested by a policeman and sent to prison by the judge.

11. Soapy walked along Broadway looking at the expensive goods in the

---

① 中文翻译：警察和赞美诗。

fashionable shops.

12. He stopped at the window of a brightly-lit café.

13. Soapy was freshly shaven, and his coat and tie were decent.

14. But his boots and trousers were shabby.

15. "If I can reach a table in the restaurant unsuspected," he thought, "everything will be all right.

16. The upper part of me that will show above the table won't cause any suspicion in the waiter's mind.

17. A roast duck, a bottle of wine, a cup of coffee and a cigar will make me happy on the journey to my winter quarters."

18. But just as Soapy entered the restaurant, the head waiter's eye fell on his shabby trousers and boots.

19. Strong hands turned him round and pushed him on to the sidewalk.

20. Soapy turned off Broadway.

21. He had to think of another way of getting into prison.

22. At a corner of Sixth Avenue he saw a brightly-lit shop window.

23. Soapy then picked up a cobble-stone and dashed it through the glass.

24. People came running round the corner, with a policeman at their head.

25. Soapy stood still, hands in his pockets, and smiled at the sight of brass buttons.

26. "Where is the man who did this?" shouted the policeman.

27. "Don't you think I did it?" said Soapy in a friendly way.

28. The policeman did not understand Soapy's hint.

29. Men who break windows do not usually remain to speak to a policeman.

30. They run away.

31. Just then the policeman saw a man hurrying to catch a bus.

32. Club in hand, he rushed after that man.

33. Soapy had failed again.

34. On the opposite side of the street was a small cheap restaurant.

35. Soapy entered it, sat down at a table and ate a beefsteak and an enor-

mous apple‐pie.

36. "Now call a cop, I cannot pay.

37. I have no money," said Soapy.

38. "And please don't keep a gentleman waiting."

39. "No cop for you, sir." said the waiter, and seizing Soapy by the collar he threw him out of the restaurant.

40. Soapy picked himself up and beat the dust away from his clothes.

41. Arrest seemed now but a rosy dream.

42. Prison seemed too far away.

43. A policeman standing before a drugstore two doors away laughed and walked down the street.

44. He was just passing a cigar store, when he saw a well‐dressed man go in, leaving his silk umbrella at the entrance.

45. Soapy stepped in, took the umbrella, and slowly continued his way.

46. The man saw him.

47. He turned and followed him hastily.

48. "That's my umbrella!" he said sternly.

49. "Oh, really?" said Soapy.

50. "Well, why don't you just call a policeman?

51. I took it.

52. Your umbrella!

53. Why don't you just call a cop?

54. There is one cop standing at the corner."

55. The owner of that umbrella slowed his steps.

56. Soapy did the same.

57. The policeman looked at they two curiously.

58. "Of course," said the man— "that is—well, of course you know how these mistakes occur—I—if it's really your umbrella I hope you'll excuse me—I just picked it up this morning in a restaurant—If you recognize it as yours, well— I hope you'll—" The man retreated.

第六章 "文革英语"的语言变异表现 | 105

59. Soapy walked on, muttering insults against policemen who would not arrest him.

60. At last he reached a street where there was little traffic and few pedestrians.

61. At a quiet corner he suddenly stopped.

62. There was an old church in front of him.

63. Through the windows a soft light shone, and the sweet music of the Sabbath anthem made him approach the iron fence.

64. The moon was above, so cold and so beautiful, and the music reminded Soapy of the days when his life contained so many things as mothers and roses and clean thoughts and collars.

65. Soapy listened to the music, looked at the moon and murmured to himself: "There is time yet.

66. I'll reform.

67. I'll become an honest man.

68. I'll get out of the mire.

69. I'll—"

70. Soapy suddenly felt a hand laid on his arm.

71. He looked quickly back into the broad face of a policeman.

72. "What are you man doing here?" asked the policeman.

73. "Nothing," said Soapy.

74. "Then come along with me," said the policeman.

75. "Thinking of robbing this church, eh?"

76. "Three months' imprisonment!" said the judge in the police court the next morning.

这篇课文总共由76个语句组成，其中简单句共有71个，占通篇语句数量的93.42%。这是对美国作家欧·亨利原作的改写，课文总共76句，3909个字符。原版的《警察与赞美诗》共有6138个字符，其中有很多引用的是方言词语。作为世界有名的短篇小说家，欧·亨利的写作功底深厚扎实，各种句式用来得心应手，语法变化信手拈来。该篇课文不仅在字符数目上进行了删减，语法难度上也做了大幅度调整，最后在教材中以一篇用词简单、语法单一的课文形式出现了。

在高校英语教材较高水平的分册中出现了充满简单句的课文，从语法的角度说明了"文革英语"的大众化策略，表达了高校英语教师通过这种做法建构自己为社会广泛接受的身份的意图。语言层次大众化的根本含义在于使"文革英语"成为在形式上更贴近群众，更能够为广大人民群众所接受和掌握的"革命工具"。

第二节 "文革英语"的词法变异

词汇是构成语言的最基本单位，任何语言发生变异现象，其最突出特征一定表现在词汇上。只有词汇变异出现到一定程度并累积到一定数量，才会出现明显的语言变异现象。词汇变异既是语言变异的表象，又是语言变异的底蕴积累。"文革英语"的语言变异也是最先发生在词汇方面。

为了反映时代精神、紧跟形势发展，"文革英语"必须把"文革语言"中最时髦的政治词汇吸纳进来。可是"文革语言"中的很多词汇都是在"文革"的特殊历史条件下新出现的，在英语中根本找不到与之相对应的词汇。但是出于形势的需要，这些词汇又不得不出现在"文革英语"中，这就为"文革英语"的底蕴积累提出了难题。

为了解决这个难题，高校英语教师不得不"发明"词汇变异方面的几个独特办法：

办法之一，生僻词变为常用词。把英语中一些不常使用、甚至根本不用的词汇拿到"文革英语"中来，指代一些具有革命意义的词汇。这个办法使得这些英语中的生僻词在"文革英语"频繁出现，变成了常用词。

办法之二，"弱势义项"成为"强势义项"。因为有些"文革语言"中的词汇在英语词汇中没有与其相对应的单词，只能在个别单词的"弱势义项"中才能找到勉强与其相近的义项。这个"弱势义项"被强行夸大使用之后，被人为地演变为"强势义项"。

办法之三，义项的强制生成。因为在英语词汇中找不到与"文革语言"中某个词相对应的词，甚至在某些单词的"弱势义项"中都找不到与之相对应的内容，所以只能把英语原词强制性地赋予"文革语言"中的义项，再放到"文革英语"中使用。

办法之四，造词功能的政治性延伸。在上述三种办法都无法找到可以表达"文革语言"中某些词汇的意义时，临时应用英语造词法的某些规律，用拼接、重组、合并等手段造出新词。

一　生僻词演变为常用词

在"文革英语"的语言变异中表现最为突出的词汇变异现象，就是出于当时的政治需要，把一些在英语中很少见到、甚至几乎不用的词汇频繁使用，结果这些生僻词都变成了常用词。许国璋《英语》[①] 中的 comrade（同志）一词就属于这种现象。在英语国家的语言中，comrade 一词很少被使用。但是由于"同志"是"文革"时期最时尚的称谓，comrade 一词因而在"文革英语"中大量出现。在许国璋《英语》中，comrade 出现的频率相当高，几乎在每一课的句型练习中都会看到。

参考资料：

维基百科[②]对 comrade（同志）一词的释义如下：

Comrade means "friend", "colleague" or "ally". The word comes from French camarade and from Latin camera (room). The term has seen use in the military, but is most commonly associated with left-wing movements, where "comrade" has often become a stock phrase and term of address. The political usage of the term was inspired by the French Revolution. Upon abolishing the titles of nobility, and the terms monsieur and madam (literally, "milord" and "milady"). When the socialist movement gained momentum in the mid-19th century, socialists began to look for an egalitarian alternative to terms like "Mister",

---

①　该书在"文革"期间是很多高校英语系使用的教材。
②　维基百科（英语：Wikipedia，是维基媒体基金会的商标），是一个基于 wiki 技术的多语言百科全书协作计划，也是一部用不同语言写成的网络百科全书，其目标及宗旨是为全人类提供自由的百科全书——用他们所选择的语言来书写而成的，是一个动态的、可自由访问和编辑的全球知识体。也被称作"人民的百科全书"。

"Miss" or "Missus". They chose "comrade" as their preferred term of address.

这段文字的意思是，comrade 这个词产生于法国革命期间，是拥有共同革命志向的左翼革命人士之间的称谓用词。

在使用英语作为国民语言的资本主义国家，由于多年来一直受到资产阶级人生观和价值取向的影响，国民们彼此很少称呼对方为 comrade。按照他们的理解，comrade 属于那种拥有共同生活目标、选择共同奋斗道路的人。在资本主义国家，多年来形成的国民信念是主张发扬个性和强调个人奋斗。他们每一个人都在努力地追求自己独特的人生道路，不希望重复别人的成功之路或者在别人的帮助下成就事业。因此，comrade 这种称谓对他们来说是不受欢迎的。

在对 xx 大学的美国学者进行访谈的过程中，他对 comrade 一词在美国的使用情况发表了如下见解：

"Politically, the word would remind us of the idea of communism. That means, if we are called a comrade, we share the same political ideas. But, you know, frankly, we don't like communism, so we are not comrades. Well, that is a big story. You know, our nation and the Soviet Union had been hostile countries for many years, and during that long period, what we were told about the Soviet Union was just bad, we all knew that was an evil nation, everything, everything belong to that country was bad. We knew at that time they used the word 'comrade' as a title to call each other, and just because we didn't like them, we regarded 'comrade' as something evil as well. So, you see, if you are called a comrade in my country, it means you do not belong to us, you belong to the opposite.

The word is from French, but in French it also means something we do not like, because it is used in the French Revolution a lot. That also reminds us of blood and a lot of killing."（jlu2008TN）

这位美国学者认为，美国人之所以从来不使用 comrade 这个词作为彼此间的称谓，主要是因为这个词能让他们联想到他们国家曾经的主要敌人——社会主义国家苏联。由于政治原因，当时美国国内对苏联的宣传几乎都是反面的。在那个时代的美国，任何与苏联有关的东西——政治、经济、文化等社会生活的方方面面，都被宣传工具渲染得极其丑恶和反动。在美国人眼中，苏联这个国家就像洪水猛兽一样，这个国家的人民都是疯狂陶醉于鲜血和屠戮的野蛮刽子手。因此，美国人绝对不会用 comrade 来彼此称呼，因为这会明显地把美国人与万恶的苏联人等同起来。

"comrade（同志）"在中国成为口头语指代人称，是在20世纪初随着马克思主义在中国的传播而逐渐流行起来的。当时这个词的含义是"政治理想相同的人；同一政党成员相互间的称谓"。随着新中国的建立，"同志"一词迅速成为在中国使用频率最高的称谓之一，此时该词的含义为"社会主义国家公民彼此之间的一般称呼"。这时"同志"的词义有了扩大，不再局限于新中国成立前"同一政党成员相互间的称谓"，而是成了所有社会主义劳动者最喜闻乐见的称呼。在一定程度上，被称为"同志"标志着一个人的政治地位。[1]

"同志"一词在"文化大革命"期间能够成为人与人之间的通用称谓，其主要背景是中国共产党以"无产阶级的阶级统治意识"的同质性为前提、以高度集中的计划经济体制和单位组织化为基础而展开的意识形态的整合运动。这项运动的目的在于运用政治手段去肃清思想文化领域的封建主义、资本主义的影响，使全社会的主体文化成为高度意识形态化的社会主义文化。"同志"取代了那些体现阶级身份的"小姐"、"先生"、"老爷"等，成为中国大陆独有的、普通而且权威的称谓。不分性别、年龄、职业、职位，只要不是阶级敌人，均可称"同志"。[2] 就这样，comrade 这个在英语国家很少见到、很少听到，几乎没有人使用的词汇，却因其具有中国的政治意义而成为文化大革命时期的通用称谓，在"文革英语"中频

---

[1] 俊虎：《"同志"一词的演化及其文化意义》，《陕西师范大学学报（哲学社会科学版）》第30卷，2001年专辑。

[2] 胡范铸、胡玉华：《"同志"称呼语的语义功能与语用条件析论》，《华东师范大学学报（哲学社会科学版）》2000年第3期。

繁出现。

comrade 从英语中的一个生僻词变成"文革英语"中的常用词的过程，充分体现了"文革英语"在词汇方面为迎合政治形势而发生的语言变异。与 comrade 一词同样属于"变废为宝"类型的英语词汇还有很多，例如：slogan（口号），staunch（坚强），patch（缝补），great leader（伟大领袖），wallpaper（墙报），guerilla（游击队），league（团），front（前线），revolutionary（革命者），militia（民兵），communist（共产主义者），shovel（铁锹），rebels（造反派），class struggle（阶级斗争），royalist（保皇派），imperialism（帝国主义），communism（共产主义），imperialist（帝国主义者），political weapon（政治武器），party's history（党史），the long march（长征），rostrum（主席台），peripateticists（逍遥派），等等。

二 "弱势义项"变为"强势义项"

英语词典在进行词汇释义时都遵从一个规律，即把该词汇的所有义项都按照使用频率的高低顺序排列。排在前面的叫"强势义项"，排在后面的叫"弱势义项"。"文革英语"的语言变异中有这样一种词汇表现，在使用某些英语词汇时，为了迎合当时的政治需要，故意把这些词汇中本来很少使用的"弱势义项"进行夸大使用，使之升格为"强势义项"。"文革英语"中出现的一个高频词汇"revolution（革命）"就属于这种表现。

Revolution 一词在《THE AMERICAN HERITAGE DICTIONARY OF THE ENGLISH LANGUAGE》① 中共有四个义项：

①A. orbital notion about a point, especially as distinguished from axial rotation; B. a turning or rotational motion about an axis. C. a single complete cycle of such orbital or axial motion.

②An asserted momentous change in any situation: the revolution in physics.

③A sudden political overthrow brought about from within a given system, especially A. a forcible substitution of rulers or of ruling cliques: a palace revolu-

---

① 美国传统英语词典，William Morris 主编，Houston Mifflin Company, 1980。

tion. B. seizure of state power by the militant vanguard of a subject class or nation.

④Capital R. A. see American Revolution; B. see French Revolution

从这四个义项中可以看出，revolution 这个词在英语中的首要义项是"旋转"，是"围绕着一个点，尤其是围绕着一个突出的轴心所进行的绕转"。其次是"任何情况下发生的重大变化，例如物理变化"。第三个义项是"在某一特定体制中发生的突然性的政治颠覆活动，分两种情况：对统治者或者统治集团的强制性更替；一个阶级或者国家依靠军事力量对政权的夺取。"第四个义项是参看"美国革命"和"法国革命"。revolution 从根本上是指理论观念的有序化结构转型以及作为其结果的一种结构性的改变，它向我们展示的应该是一种全新的局面——或者呈现出一种全新的事物，或者构建一种全新的观念。revolution 的真正意义体现为对善的追求，因为它能直接或间接地解放或发展社会生产力，促进社会的发展进步并向着和谐、有序化发展。如果在 revolution 的进程中失去了这一原则，revolution 的语义就会产生巨大的变异，而与其相对应的"革命"一词就会变异为一种恐怖行为。①

上述四个义项中，第一个和第二个属于"强势义项"，指的是内容抽象的科技术语。revolution 作为科技专业术语，最早出现在哥白尼时代的天文探索中。其含义是指天体围绕着某个轴所进行的运动。这种义项显然与"文革英语"中"革命"的含义大相径庭。第三个和第四个义项的解释内容中出现了政治意味，但是词典中又明确指出要参看"美国革命"和"法国革命"。1776 年的美国革命（The American Revolution）是一场激进的社会变革，它大大加强了"革命权利"的思想，即人民有权推翻一个压迫他们的政府。在这次革命中许多全新的东西得以确立，如由一个选举产生的总统代替世袭的国王，以成文的宪法作为政府的基础和对政府的牵制，没有世袭的贵族，政教分离，按人口比例选举立法者等等，这些思想都是传统的社会政治组织中所没有的。因此，美国革命这场 revolution 意味着社会政治结构的突变，是一种结构性的改变。② 法国资产阶级大革命（The

---

① William Morris 主编《美国传统英语词典》，Houston Mifflin Company，1980。
② 周东启：《什么是革命》，《学术交流》2008 年第 1 期。

French Revolution）把 revolution 一词与暴力紧密地联系起来，"人们对 revolution 的理解就是用暴力改变政权"，① 这显然与"文革"期间的"革命"也没有太大的联系。

虽然 revolution 绝不应该仅仅被归结为第三、四种义项的片面理解，而且 revolution 在这个方面的语义变异也只是在法国大革命后衍生出的一种含义，但 19 世纪以来，人们在许多情况下，尤其是在面向中国的传译过程中都把 revolution 局限在这一狭义的理解中。因此，中国人在使用 revolution 这个词的过程中就产生了更大的语言变异。在"文革英语"中，revolution 一词的含义已经完全"文革化"了。它既不是词典中出现的某种用来解释自然现象的专业术语，也不是指社会政治结构的改变，更不是指通过武装斗争夺取政权。用"文革语言"的方式对 revolution 作出的解释是"阶级斗争的最高形式"，是"革命阶级用革命的手段推翻反动阶级的政治统治，用先进的社会制度代替腐朽的社会制度，造成社会形态质的飞跃"，是"一个阶级推翻一个阶级的暴烈的行动"。这种阐释与英语 revolution 释义中的"弱势义项"只具有很勉强的关联，但是"文革英语"对"弱势义项"的夸大，使得这个义项变成了"强势义项"。

"文革英语"中，与 revolution 同样属于把"弱势义项"变成"强势义项"的词汇还有很多，例如：orientation（方向），a black sheep（败类），route（路线），obstacle（绊脚石），shield（包庇），criticism（批判），pioneer（先锋），go all out（鼓足干劲），monitor（班长），review（检阅），village（村庄），fight（斗争），fall behind（落后），secretary（书记），construction site（工地），example（榜样），furnace（熔炉），field（田野），movement（运动），suppression（镇压），policy（方针），等等。

三　新义项的强制生成

在"文革英语"的语言变异中，新义项的强制生成属于词汇表现的另

---

① 周东启：《什么是革命》，《学术交流》2008 年第 1 期。

一个独特现象。"文革"期间,无论在英语教材的编写中还是英语教学过程中,都使用了一些正常的英语词汇。但是,如果结合"文革"时期的政治形势和人们的思想观念来研究这些词汇的意义,就会发现它们的内涵都发生了很大的变化。这些词汇的原本意义已经不复存在,取而代之的是"文革"时期人们心目中的"革命意义"。

"文革"思潮的一个突出表现,就是强调工人阶级和农民阶级的领导地位。因此,在"文革"期间,社会各界去工厂和农村考察学习之风盛行。这种做法助长了"文革语言"中的变异现象,大量与"工厂"、"农村"相关的词语出现了。高校英语教师在积极参与这些社会活动的同时,也在"文革英语"中大量地引用了有关工厂和农村的词汇,但在"文革语言"背景的影响下,这些词汇从表面上看是英语词汇,其实际内涵已经都是"文革"时期的"革命"内容了。

许国璋《英语》中,commune(公社)一词在课文中出现频率很高。这个词在"文革语言"和"文革英语"中的字面意思都是"公社",但是这个"文革"时期的"公社"已经明显不同于英语原词中所意指的"公社"了。

commune 一词在 The American Heritage Dictionary of the English Language[①] 中共有四个义项:

① the smallest local political division of various European countries, such as France, Belgium, Italy, and Switzerland, governed by a mayor and municipal council. (欧洲各国家如法国、比利时、意大利和瑞士等最小的政治单位,由一个市长或者市政委员会管理)

② A. a local community organized with a government for promoting local interests. B. a municipal corporation in the Middle Ages. (为促进本地利益由政府组成的本地社区,或者是中世纪的市政合作机构)

③ A small, often rural community whose members have common interests and in which property is often shared or owned jointly. (小的农村社区,社区成员拥有共同利益并共同拥有和分享财产)

---

① William Morris 主编《美国传统英语词典》,Houston Mifflin Company,1980。

④ The people of a commune.（社区成员）

上述四个义项都与 commune 一词在"文革"期间所指的"公社"意义不同。

中国人民大学的辛逸在《农村人民公社所有制述论》中对中国意义上的公社做了如下界定：当时中国农村中普遍存在的"公社"的全称是"农村人民公社"。在我国农村社会的变迁史上，农村人民公社是存在时间最长、影响最深远的社会经济制度。人民公社时期的所有制以生产小队为基本生产和核算单位，相对适合当时的生产力和农民的觉悟水平，因而持续时间较长。期间虽多次受到冲击，但运行基本平稳，是我国农村六七十年代相对稳定的重要经济根据。农村人民公社所有制的创建及其调整，均不是经济规律的内在要求，而是靠行政力量的强力推动。因此，无论是"一大二公"的公社运动时期的所有制，还是"三级所有、队为基础"的公社所有制都带有鲜明的行政色彩，都表现为所有权对行政权的严重依附，形成了所有权的残缺和农业经济的低效。以上论述说明，commune 一词在"文革"时期已经不再具有《美国传统英语词典》中阐述的四个义项，其意义所指已经变成了一种由中国国家行政权力直接建立的、富有时代政治色彩的所有制分配制度。

从另外一个角度讲，既然 commune 可以作为一种政治概念在"文革"中得到引用，那么，是不是这个词还有一种政治方面的解释呢？维基百科提供了关于 commune 在社会主义学说中的定义：

Traditionally, the revolutionary left sees the commune as a populist replacement for the elitist parliament. The far-left, despite their differences, agree that the commune would have several features. The most important of these is that it would be a local and transparent organization, secondly delegates would be bound by terms, and lastly they could be recalled at any time from their positions. Proponents view the right of recall as a particularly important safeguard against corruption and unresponsiveness among the representatives. Almost universally, communists, left-wing socialists, anarchists and others have seen the Commune as a model for the liberated society that will come after the masses are liberated from capitalism, a society based on participatory democracy from the grass roots up.

这个解释认为，commune 在政治方面的概念包含三个要素：政治透明、行为规范和随时召集。这个解释既不包含其原初的平等社区的意义，也没有说明它是一种所有制分配制度。由此可以看出，"文革"中 commune 一词的使用，表面上看是引用了英语的原词，可是其内在含义已经发生了严重变异，成为具有中国行政特色的 commune 了。这种把"文革"中产生的含义强行加入到 commune 的释义之中，强制生成新义项的词汇变异现象，构成了"文革英语"语言变异的另一个特点。

与 commune 一样被强制生成新义项的，还有下面表格中列出的词汇：

Pup	狗崽子	Wallpaper	墙报
Socialist labor	社会主义劳动	Model Worker	模范工人
Movement	运动	Secretary	书记
Slogan	标语	School	学校
Peasant	农民	Revolutionary	革命者
Pioneer	先锋	Revolution	革命
Student	学生	Fight	斗争
Monitor	班长	League	团
Party	党	Steel works	钢铁厂
Labor	劳动	Physical	体力的
Example	榜样	Countryside	向下
Field	田野	Village	村庄
Go all out	鼓足干劲	Socialism	社会主义
Guerilla	游击队	Headquarters	司令部
Front	前线	Staunch	坚强的
The Long March	长征	Shovel	锹
Instructor	指导员	Victory	胜利
People	人民	Ordinary	普通
Militia	民兵	Class	阶级
Liberation	解放	Struggle	斗争
Battle	战斗	Construction	建设

续表

Uprisings	起义	Rostrum	主席台
Harvest	收割	Construction Site	工地
Cowshed	牛棚	Comrade	同志
Black Commander	黑司令	Capitalist – Roaders	走资派
Red Commander	红司令	Black Gang	黑帮
Red Guard	红卫兵	Red Book of Treasure	红宝书
Rebels	造反派	Highest Instruction	最高指示
Royalist	保皇派	Dictatorship	专政
Orientation	方向	To take over Power	夺权
Route	路线	Poisonous Herb	毒草
Traitor	叛徒	A black sheep	败类
Shield	包庇	Transform	改造
Suppress	镇压	Refute	驳斥
Peripateticists	逍遥派	Strike	打击
Discipline	纪律	Criticism	批判
Imperialist	帝国主义者	Policy	政策
Class Struggle	阶级斗争	Debate	辩论
Saving Star	救星	Comrade – in – Arms	战友
Class Frontier	阶级阵线	Class Enemy	阶级敌人
A Red Heart	一颗红心	Practical	实践的
Party Secretary	党委书记	Chairman Mao	毛主席
Red Flag	红旗	Party's History	党史
Political Weapon	政治武器	Great Leader	伟大领袖
Obstacle	绊脚石		

四 造词功能的政治性延伸

《中国语言和中国社会》对"文革"时期的"革命词汇"进行了归纳，总结出三类情况：第一类反映当时社会特有的事物和社会现象，如"红海洋、革委会、语录歌、忠字舞、天天读、早请示、晚汇报、牛棚"等；第二类指称某种新的"政治形象"，如"走资派、三反分子、黑帮、黑司令、黑五类、牛鬼蛇神、红司令、红五类、红卫兵、造反派、保皇派、逍遥派、工宣队"等；第三类是当时常用的政治用语，如"红宝书、老三篇、黑会、黑电影、黑日记、横扫、触及灵魂、最高指示、斗私批修、活学活用、三忠于、四无限、斗批改、上管改、文攻武卫"等。①

　　这些词汇都是在"文革"运动期间涌现出来的新词，在英语中找不到任何词汇可以与之匹配。高校英语教师只能通过"造词"的方法，把这些"革命"词汇反映在"文革英语"中。这就形成了"文革英语"词汇变异的又一个独特现象——按照政治需求嫁接和重组英语单词，制造"革命词汇"。所谓嫁接和重组，就是指把原本没有关系的两个或数个英语单词以合成的形式连接在一起，构成一个既符合政治需求又符合英语表现形式的"新词"。这类"新词"一般都是以"红"、"黑"、"革命的"、"社会主义的"、"共产主义的"、"阶级的"和"政治的"等等前缀作为开头，再配以相应后缀，构成了一批具有"文革英语"特色的词汇。

　　（1）以"红色的（red）"开头的合成词，其意义为"革命的"：

Red sea	红海洋	Red book of treasure	红宝书
Red commander	红司令	Red guard	红卫兵
Red flag	红旗	A red heart	一颗红心
Red star	红星	Red headquarters	红色司令部
Red guerilla	红色游击队	Red thoughts	红色思想
Red slogan	红色标语	Red revolution	红色革命
Red army	红军	Red action	红色行动

　　（2）以"黑色的（black）"开头的合成词，其意义为"反动的"：

Black commander	黑司令	Black thoughts	黑思想
Black gang	黑帮	Black fellow	黑分子
Black meeting	黑会	Black heart	黑心
Black world	黑世界	Black family	黑家庭
Black film	黑电影	Black diary	黑日记

---

① 陈建民：《中国语言和中国社会》，广东教育出版社，1995。

(3) 以"革命的"（revolutionary）开头的合成词：

Revolutionary battle	革命斗争	Revolutionary furnace	革命熔炉
Revolutionary parade	革命游行	Revolutionary people	革命人民
Revolutionary commune	革命公社	Revolutionary movement	革命运动
Revolutionary students	革命学生	Revolutionary announcement	革命通知
Revolutionary slogan	革命口号	Revolutionary army	革命军队
Revolutionary banner	革命旗帜	Revolutionary school	革命学校
Revolutionary example	革命榜样	Revolutionary comrade	革命同志
Revolutionary direction	革命方向	Revolutionary practice	革命实践
Revolutionary criticism	革命批判	Revolutionary thoughts	革命思想
Revolutionary instruction	革命指示	Revolutionary books	革命书
Revolutionary rebel	革命造反派	Revolutionary dictatorship	革命专政

(4) 以"社会主义的"（socialist）开头的合成词：

Socialist movement	社会主义运动	Socialist career	社会主义事业
Socialist construction	社会主义建设	Socialist road	社会主义道路
Socialist revolution	社会主义革命	Socialist directions	社会主义方向
Socialist revolutionary	社会主义革命者	Socialist youth	社会主义青年
Socialist thoughts	社会主义思想	Socialist family	社会主义家庭
Socialist frontier	社会主义阵营	Socialist China	社会主义中国

(5) 以"共产主义"（Communist）开头的合成词：

Communist party	共产党	Communist career	共产主义事业
Communist future	共产主义未来	Communist road	共产主义道路
Communist ideal	共产主义理想	Communist thoughts	共产主义思想
Communist soldiers	共产主义战士	Communist spirits	共产主义精神

(6) 以"政治的"（political）开头的合成词：

Political leader	政治领袖	Political meaning	政治意义
Political instructor	政　委	Political road	政治道路
Political study	政治学习	Political theory	政治理论
Political consciousness	政治觉悟	Political weapon	政治武器
Political progress	政治进步	Political requirements	政治要求
Political soul	政治灵魂	Political enemy	政治敌人
Political education	政治教育	Political sensitiveness	政治敏感性

这一部分词汇的出现，形成了"文革英语"中极为独特的一道风景：一种因"文革"时代背景而产生，并只能为"文革"时代所用的词汇变异现象。"文革"期间的高校英语教师创造的"文革英语"，堪称英语历史上空前绝后的语言变异。说其"空前"，是因为在此之前没有任何国家在任何历史阶段出现过类似语言变异现象；说其"绝后"，是因为"文革"之后再也没有任何国家在任何时期使用这种语言变异现象。这种利用英语造词法合成英语新词的做法，在表达"文革语言"的意义方面要比其他几种方法都迅捷。

但是，这些合成词的使用范围只限于高校英语教师的群体之内。超出了这个群体，即使是英国人和美国人也无法读懂这些词汇。这进一步说明了高校英语教师创造"文革英语"的目的就是建构自己的社会身份。

第三节　"文革英语"的句法变异

语句是构成语体的主要成分，是话语与语境在表达中的选择结合。"话语是语句的表达手段，语境是语句的发生场合。这两个因素以语句为主要形式，在具体语言运用中平衡、协调、统一，形成了语言变异内涵的外化过程。语句除了自身可以发生变异现象外，还可以影响语调、语法等方面发生相关变异。"[①]

[①] 刘桂芳、谭宏姣：《现代汉语语体变异问题》，《学术交流》2005年第12期。

在语句变异过程中,语言使用者根据语言活动场合的不同相应地改变语句形式,使语言变异的内涵得以外化,以此建构语言使用者的社会身份、地位和背景,进而建立成功的语言活动环境。"文革英语"在语句方面的变异表现可以分为内容政治化、形式中国化和语调感叹化三大特点。

一 政治语句充斥

"文革英语"语句变异的一个突出特征就是其历史阶段性,因为它只在"文革英语"中出现,只存在于中国的"文革"历史阶段。在其他任何历史时期的英语书刊中,都找不到类似的语言变异现象。"文革英语"中,大量反映当时政治形势内容的语句充斥其中,语句中随处可见"党"、"毛主席"、"革命"、"无产阶级"、"共产主义"、"社会主义"等与"文革"政治息息相关的词汇成分。透过这些句子形式,可以感受到"文革"时期浓厚的政治氛围和人们在这种氛围影响下的精神状态。

下面表格中列出的语句,都属于这个特点:

1. In 1949, the people, led by the Communist Party, succeeded in overthrowing the evil rule of the imperialists and Kuomintang reactionaries. (lesson 3) (1949年,中国人民在共产党领导下,推翻了帝国主义者和国民党反动派的邪恶统治。)
2. Under the leadership of the Party and Chairman Mao Tse-tung, the 650 million people of China are forging ahead to new goals and still greater victories. (lesson 3) (在中国共产党和毛主席的领导下,6亿5千万中国人民团结一心,奔向新的目标和更大胜利。)
3. Should he let her go away sick and distrusting the Party? (lesson 9) (他应该让她带着病离开,而因此不相信党吗?)
4. We think China will succeed here. These questions are being discussed not only by Party Members, but by the rank and file in the communes, in the factories and the offices. The students discuss the same questions. (lesson 12) (我们认为中国能够成功。这些问题不仅在党内得到讨论,在农村、工厂、办公室都得到讨论,学生们也讨论同样的问题。)
5. My heart was filled with gratitude to the Party and to the heroic working men and women who had made all this possible. (lesson 8) (我的心中充满感激,感谢党,感谢那些把这些变成现实的英雄的劳动人民。)

续表

6. There was enthusiasm and excitement every where, and happiness shone on every face. As we passed through Tian an Men square and saw our Party and government leaders waving to us, we burst into loud cheers. (lesson 8) (到处都是欢乐和激动人心的场面,人们的脸上洋溢着幸福。当我们走过天安门广场时,看到党和国家领导人在对我们招手,我们激动得欢呼起来。)

7. In our great land of socialism, millions of ordinary men and women are working selflessly to wipe out poverty and backwardness, and build our motherland into a strong and prosperous socialist country. (lesson 9) (在我们伟大的社会主义大地上,数百万普通群众都在摆脱贫穷和落后而无私地工作着,要把我们的祖国建设成为一个强大而繁荣的社会主义国家。)

8. Lenin worked very hard at foreign languages, because he knew they were a useful weapon in revolutionary struggle. (lesson 19) (列宁学习外语很努力,因为他知道外语是进行革命斗争的有力武器。)

9. I felt proud of our country and of our new life. (lesson 8) (我为我的祖国和我的新生活感到骄傲。)

10. More deeply than ever before, I realized how much we all owe to the party. (lesson 1) (比以前任何时候的感悟都要深刻,我意识到我们欠党的太多了。)

11. Yesterday we went to an exhibition on the life and work of Lenin, the great revolutionary leader of the working class. (lesson 19) (昨天我们参观了列宁的生活工作展览,他是工人阶级伟大的革命领袖。)

12. They finished one assignment after another, and their work was excellent from beginning to end. (lesson 7) (他们完成了一个又一个任务,他们的工作自始至终都很优秀。)

13. The nation was called on to give all–out support to agriculture. (lesson 6) (号召全国人民全力支持农业。)

14. Old people are well looked after by the people's commune. (lesson 6) (老年人在人民公社得到了良好的照顾。)

15. We are only ordinary workers, you are our leader, comrade. We'll work under you. (lesson 7) (我们只是普通工人,你是我们的领导,同志。我们在你指导下工作。)

16. What a shining example they set to the people of the whole country! (lesson 7) (他们为全国人民树立了多么光辉的榜样啊!)

17. Just then the political instructor came up. (Lesson 11) (就在这时政委来了。)

18. Everything has changed since liberation. The people, led by the Party, have got rid of the mud and dirt. (Lesson 22) (新中国成立后一切都变了。广大人民在党的领导下,从泥土中解放了出来。)

续表

19. What tremendous advances we have made on all fronts in the short years since liberation!（lesson 8）（在新中国成立后短暂的几年里，我们在各条战线取得了多么巨大的进步啊！）

20. Lu Hsun's dream of a free, independent new China has been realized.（lesson 6）（鲁迅的自由、独立的新中国的梦想已经实现了。）

21. In speed of construction the Chinese have far outpaced America. By 1954 they had mastered the problem of high speed construction.（Lesson 8）（在建设速度方面，中国人民已经远远超过了美国。在1954年他们已经掌握了高速建设的问题。）

22. We must train ourselves to be fine builders of socialism.（lesson 6）（我们必须把我们培养成社会主义的优秀建设者。）

二　中式语句频仍

"文革"是一场发生在中国内部的政治运动，很多与这场运动有关的语言变异都发生在汉语中，造成了所谓的"文革语言"现象。"文革"时期的高校英语教师出于建构自己社会身份的需要，对"文革语言"随声附和，创造出来了"文革英语"。

"文革英语"把这些最初发生在汉语中的中国本土化政治词汇牵强附会地翻译成英语，并在高校英语教学中予以使用。这种变异的结果就是出现了大量中国人看不懂、外国人读不明白的中国式英语语句。

下面表格中列举的语句都具有这个特点：

1. They began to call him "the doctor sent by Chairman Mao", he realized that his was not merely medical work, but also a serious political task.（lesson 9）（他们开始称呼他为"毛主席派来的医生"，他意识到他的工作不仅仅是行医，而是严肃的政治任务了。）

2. Healthy and happy, they are going all out to build socialism.（lesson 22）（他们健康幸福，正在全心全意地建设社会主义。）

3. Whatever happens, we must carry the revolution through.（lesson 11）（无论发生什么事，我们都要将革命进行到底。）

4. A revolution is always full of hardships, but they are nothing to men who have the happiness of the whole Chinese people at heart.（Lesson 11）（革命征途充满艰难险阻，但是对于心中怀有全中国人民幸福的人来说，艰难险阻算不了什么。）

续表

5. 1958 was a year of the big leap forward in all fields of socialist construction. (lesson 3) (1958年是全面建设社会主义大跃进的一年。)

6. They will teach me to use English effectively both as a tool and as a weapon. (lesson 6) (他们将教会我充分地把英语作为工具和武器来使用。)

7. To know what is going on outside our country, to tell our friends abroad what is going on in China, to help the oppressed peoples in their struggle against imperialism and for freedom and happiness——to do all this, a good command of foreign languages is necessary. (lesson 6) (要想知道我们国家以外都发生了什么,要想告诉我们国外的朋友们中国正在发生什么,要帮助被压迫人民反对帝国主义和争取自由幸福——要做好所有这些,有必要学好一门外语。)

8. Everything has changed since liberation. The people, led by the Party, have got rid of the mud and dirt. (Lesson 22) (新中国成立后一切都变了。广大人民在党的领导下,从泥土中解放了出来。)

9. We must train ourselves to be fine builders of socialism. (lesson 6) (我们必须把我们培养成社会主义的优秀建设者。)

10. It was just beginning t get light when we got up. (lesson 8) (天刚亮我们就起床了。)

11. Dear folk: we are Red Army men fighting the white troops. We have eaten your potatoes. Please accept these five dollars with our thanks. (lesson 1) (亲爱的乡亲们,我们是和白军战斗的红军,我们吃了你们的地瓜,请收下这五块钱和我们的感谢。)

12. We'll ask the political commissar what he thinks about it. (lessons 1) (我们问问政委他是怎么看这个问题的。)

13. We shall discuss the question at our next League meeting. (lesson 2) (下次支部会议我们将讨论这个问题。)

14. We must always be modest even when we have made little progress. (lesson 4) (我们即使有了一点点进步,也一定要谦虚。)

15. The Red Army men never gave up hope even under most trying situation. (lesson 5) (红军战士在最艰难的条件下也决不屈服。)

16. How I longed to have a cap, a real soldier's cap! (lesson 11) (我多么希望能有一顶帽子,一顶真正的军帽啊!)

第四节 "文革英语"的语调变异

语调即说话时的声调。"文革"时期的政治冲击,形成了全国范围的革命浪潮。极端的爱和极端的恨使得生活的感情色彩瞬息万变,在这种情况下,社会上不仅出现了冲动的行为,也出现了冲动的语言。冲动的语言在实际生活中体现为语言声调的变化,"文革"英语中大量感叹句和"口号"语言的出现,就是这一表现的生动写照。

一 什么是语调变异

"文革"期间,出于对毛泽东个人的崇拜和对政治形势的呼应,赞美"文化大革命"、歌颂新生活,感谢共产党和社会主义制度的感叹话语充斥着人们的日常生活。与此同时,对旧社会的控诉和对资本主义社会的鞭笞这一类话语也在"文革语言"中纷纷出现。这两类语言现象构成了"文革语言"中冲动的语言形式,形成了语调的变异现象,出现了语言变异的新特点。

为了与"文革语言"相呼应,"文革英语"中也出现了大量以语调变异为主要形式的感叹句。这些感叹句对"文化大革命"运动感恩戴德式的咏叹,从一个侧面外化了高校英语教师趋炎附势、为"文革"歌功颂德的心理意识,对建构他们的社会身份起到了重要作用。

《现代语文》对感叹句的内涵和分类做了比较清晰的描述:"感叹句是由感叹语调统辖的蕴含强烈情感的语句。其主要功能是直接抒发主观情感,但也有传递信息的作用,常用感叹词、语气词以及表示强烈语气的语气副词、程度副词等。"[①] 文章还根据感叹句的语用功能将其归纳为以下六类:

第一类,惊喜感叹句。指表示或抒发喜悦、惊异、顿悟等强烈情感的语句。

---

① 《对现代汉语感叹句的一点思考》,《现代汉语》2009年第1期。

第二类，悲苦感叹句。指抒发悲愤、痛苦、哀叹、恐惧等强烈情感的语句。

第三类，激愤感叹句。指抒发极度不满、厌恶、激动、愤恨等强烈情感的语句。

第四类，赞叹感叹句。指抒发赞叹、赞美、感慨等强烈情感的语句。

第五类，呼告感叹句。指抒发呼告等强烈情感的语句，包括呼告语和标语。

第六类，祝福感叹句。指表达祝福、抒发美好愿望等强烈情感的语句。

以许国璋《英语》为例，其课文中也出现了多处使用感叹句的语言变异现象。经统计，该套教材第二册的17篇课文中，总共出现了49个感叹句。在这49个感叹句中，上述六类形式都出现过。

二 语调变异的表现

在下面的表中，把出现在许国璋《英语》第二册中的感叹句按照六类情况分别作以归纳和分析，以便对这种语调上发生的语言变异情况作出更为详细的反映。

（1）惊喜感叹句

语句出处	语 句	分 析
Lesson 2 The Cock Crows At Midnight	There the man began to crow, just like a cock. So that was his trick!	那个人开始像公鸡一样打鸣了。这就是他的鬼把戏！ 揭露地主的狡猾剥削手段。
Lesson 3 Robert Bruce, king of Scotland	"I, too, will try a seventh time!" cried Bruce.	布鲁斯喊道："我也试它七次！" 表示了战士的坚强意志和决心。
Lesson 4 An outing	Of course, we would revisit that beautiful mountain village on the banks of the Yung-ting River!	当然，我们还要再来拜访那个永定河畔的美丽山村！ 表达了学生要去农村参观的喜悦心情。

续表

语句出处	语　句	分　析
Lesson 7 MINISTERS WITH PICK AND SHOVEL	And they would shout back, "Sing us a song yourselves, young fellows!"	他们又向我们喊道："年轻人，给我们唱一个！" 共同娱乐的劳动场面，体现了革命干部的平易近人。
Lesson 7 MINISTERS WITH PICK AND SHOVEL	As they stood in a line passing big rocks from one end to the other, they laughed and joked. "Here's a big melon for you!" one would say to another.	他们站成一排，一个一个地传石头，一边干一边笑着说："给你个大西瓜！"这话也传下去了。 快乐的劳动场面，体现了幸福的生活氛围。
Lesson 8 MAY DAY	We were watching Peking opera, when, to our great surprise, one of our Party leaders suddenly arrived. And the next moment he had taken a seat beside me!	我们正在看京剧，这时一个党的领导人突然来了，他就坐在我身边！真让我大吃一惊。 惊喜的反应，体现了普通大众对国家领导人的尊敬。
Lesson 8 MAY DAY	How excited I was! However, he quietly put me at ease with a friendly nod and a warm smile.	我多么激动啊！可是他一个友好的点头示意和热情的微笑就让我平静下来了。我的激动和领导的平静，衬托出领导的平易近人和稳重大度。
Lesson 8 MAY DAY	I went to the dance in the auditorium instead and stayed until the very end. What a busy, exciting day I have had!	我去礼堂里跳舞了，一直玩到很晚。这是多么令人激动的一天啊！通过我一天的忙碌来体现新生活的美好幸福。
Lesson 11 THE RED ARMY MAN'S CAP	Suddenly, in front of me, I saw a man lying in the snow. It was the political instructor! His face was pale, and his lips were white.	突然我看到在我前面有一个人躺在雪地里。他是我们政委！他脸色苍白，嘴唇一点儿血色都没有。痛苦的惊呼，表达出革命同志之间的深厚情谊。

(2) 悲苦感叹句

语句出处	语句	分析
Lesson 3 Robert Bruce, king of Scotland	"Poor thing!" cried Bruce, "you, too, know what it is to fail."	"可怜的人!"布鲁斯哭喊:"你也知道什么是失败啊。" 通过抒发对动物的同情来表达自己的艰难处境。
Lesson 10 THE DEVOTED FRIEND	"Well, you see, I had a bad time last winter. So I first sold the silver buttons off my Sunday coat, and then I sold my silver chain, and then I sold my pipe. Finally I sold my wheelbarrow. But I am going to buy them all back again now!"	"那么,你看吧,我去年冬天过得很不好。所以我把我周日穿的那件大衣的银纽扣卖掉了,然后我又卖掉了我的银手链,然后是我的烟斗。最后我卖掉了我的手推车。可是现在我要把它们都买回来!" 通过对自己艰苦生活的叙述,表达了资本主义社会人们生活的艰难处境。
Lesson 12 A SERVICE OF LOVE	"I am so glad," said Delia. "Thirty-three dollars! We never had so much to spend before. We'll have a good supper tonight."	"我太高兴了,"迪莉娅说。"三十三块钱!我们从来没有这么多钱花。我们今晚要好好吃一顿。" 对得到钱的感叹,体现了资本主义社会生活的困苦。

(3) 激愤感叹句

语句出处	语句	分析
Lesson 2 THE COCK CROWS AT MIDNIGHT	Get up, you lazy-bones!	"起来,你们这帮懒骨头!" 地主对雇工的呵斥,体现了旧社会的黑暗和剥削。
Lesson 6 LIFE AT GATESHEAD HALL	"Wicked, cruel boy!" I said.	"又坏又残忍的家伙!"我说道。 对邪恶坏人的诅咒,表达了强烈的个人感情。
Lesson 6 LIFE AT GATESHEAD HALL	"You are like a murderer—you are like a slave-driver!"	"你就像一个杀人犯——就像一个驱赶奴隶的人!" 对欺压别人的人的怒斥,体现了强烈的阶级情感。
Lesson 6 LIFE AT GATESHEAD HALL	"For shame!" cried the maid.	"无耻!"那个女孩哭着说。 对无耻行径的挖苦。个人情感跃然纸上。

续表

语句出处	语 句	分 析
Lesson 6 LIFE AT GATESHEAD HALL	"To strike a gentleman, you young master!"	"年轻的师傅，你要殴打这个绅士吗？" 对打人行为的讽刺。体现爱憎分明的世界观。
Lesson 10 THE DEVOTED FRIEND	"Buy back you wheel barrow? That means you have sold it. What a stupid thing to do!"	"要买回你的手推车？那就是说你已经把它卖掉了。你太愚蠢了！" 对对方行为的感叹式责备，表达了欺骗的初衷。

（4）赞叹感叹句

语句出处	语 句	分 析
Lesson 3 Robert Bruce, king of Scotland	No! His thread was carried safely from one wall to the other.	不对！它的丝被安全地从一堵墙扯到了另一堵墙。 对动物的观察给战士带来的启发和希望。
Lesson 7 MINISTERS WITH PICK AND SHOVEL	What a shining example they set to the people of the whole country!	他们给我们国家的人民树立了多么光辉的榜样啊！ 对革命干部参加体力劳动行为的赞美，体现了新时代的平等关系。
Lesson 8 MAY DAY	I felt proud of our country and of our new life. What tremendous advances we have made on all fronts in the short years since liberation!	我对我们国家和我们的新生活感到骄傲，新中国成立后各条战线取得了多么巨大的进步啊！ 对新生活的感叹，对伟大祖国的赞美，表达了对党和社会主义制度的浓厚的感情。
Lesson 8 MAY DAY	And what a bright future we have before us!	摆在我们面前的是多么光明的未来啊！ 对美好的未来充满希望，体现了对党和国家的无比感激。
Lesson 9 THE DEVOTED FRIEND	"How right you are!" said the Miller's wife. "Really, I feel quite sleepy. This is just like sitting in church."	"太对了！"米勒的妻子说。"真的，我困死了。这就和坐在教堂里一样。" 对自己丈夫的称赞，表达了两人志同道合的思想。

语句出处	语　句	分　析
Lesson 12 A SERVICE OF LOVE	But the general is the dearest old man! I wish you could know him, Joe.	但是将军是最可爱的老人！我希望你能认识他。对将军的赞叹，表述了彼此之间的深厚情谊。

(5) 呼告感叹句

语句出处	语　句	分　析
Lesson 2 THE COCK CROWS AT MIDNIGHT	Kao Yu-pao cried out, "Stop thief! Stop thief!"	高玉宝喊道：抓贼！抓贼！ 向大家传递消息，揭穿地主的剥削伎俩。
Lesson 6 LIFE AT GATESHEAD HALL	"Eliza! Georgiana! Jane is not here."	"艾丽莎！乔安娜！珍没在这里。" 表达找不到人的呼告。
Lesson 9 THE DEVOTED FRIEND	"What a silly boy you are!" cried the Miller.	"你真是个傻孩子！"米勒说道。 同情的感叹，达到让人觉醒的目的。
Lesson 10 THE DEVOTED FRIEND	"How lovely your primroses are!" exclaimed the Miller.	"你的诺言太美好了！"米勒说。 通过对别人物品的赞美，达到最终欺骗的目的。
Lesson 11 THE RED ARMY MAN'S CAP	When I joined the Red Army at the age of sixteen, I was a little peasant boy with only a towel tied round my head. How I longed to have a cap, a real soldier's cap!	当我十六岁参加红军的时候，我只是一个头上扎着毛巾的农民孩子。我多么渴望能有一顶真正的红军帽啊！ 通过对红军帽子的渴望，表达了作者对正义力量的向往。
Lesson 11 THE RED ARMY MAN'S CAP	Always be a true revolutionary!	要一直做一个真正的革命者！ 对一生志向的确定。
Lesson 11 THE RED ARMY MAN'S CAP	Live and die for the revolution!	为革命而生，为革命而死！ 生命价值的取向。

(6) 祝福感叹句

语句出处	语 句	分 析
Lesson 8 MAY DAY	"Long live the Communist Party!"	共产党万岁! 对党的祝福。
Lesson 8 MAY DAY	"Wish our great leader Chairman Mao a long, long life!"	敬祝伟大领袖毛主席万寿无疆! 对毛泽东的祝福。
Lesson 8 MAY DAY	Long live Chairman Mao!	毛主席万岁! 对毛主席的祝福。

人们内心的激动,通过语言表现出来的形式就是感叹。感叹句的大量出现,反映了"文革"时期人们心态的不平和现象。处在政治挂帅的"文革"大潮之中,整个社会的思维都在随着政治导向的不断变换而跌宕起伏。对领袖的盲目崇拜,对新社会的无比感谢,对革命生活的无限热衷,都导致了语言方面的相应变化。高校英语教师通过"文革英语"中出现的大量感叹句,向整个社会表明了自己对"文革"大潮的顺应。

第五节 "文革英语"的语篇变异

相对于词汇、语句和语调等几方面的变异表现而言,语篇的变异过程要复杂得多。它包含了把词汇、语句和语调等几方面全盘纳入并进行综合取舍的全过程。因此语篇方面的变异现象对"文革英语"的体现更加深刻。

一 什么是语篇变异

词汇变异为语句变异累积了量变基础,语句变异为段落变异准备了语言素材,段落变异为篇章变异组织了信息材料。词汇、语句、段落、篇章四个方面变异现象的逐次累积,形成了语篇变异。语篇是连贯构成的一个意义整体,连贯是语篇的主要特征,也是理解的基础。

语篇包括两种类型:段落和篇章。与这两种类型相关的语言变异是段落变异和篇章变异。段落变异指的是发生在篇章某个段落上的变异现象,段落变异在语言组织过程中相对比较容易,思维运作过程相对比较简短,连贯性涉及范围相对比较狭窄。篇章变异指的是在整篇文章范围内发生的变异现象,在篇章的酝酿、选材、落笔直到最后定稿的过程中,需要进行全程的语言组织和推敲,因此篇章的思维运作过程很长,其连贯性涉及的范围是若干段落的集合。

虽然"文革英语"中的语篇变异也包含段落变异和篇章变异,但是并没有出现由段落变异积累而成篇章变异的过渡。在许国璋《英语》中,有些课文出现的是段落变异,而有些课文出现的则是直接的篇章变异。造成这个现象的主要原因是"文革英语"的语言策略,其中的"语言内容政治化"要求导致"文革英语"对"文革语言"的照搬照抄,这个过程超越了词汇变异和语句变异两个阶段,直接形成了篇章变异。同时,"文革英语"语言策略的"语言层次大众化"要求也造成了"文革英语"对所选英语内容的删改,形成了段落变异。

二 段落的变异表现

"文革英语"中的段落变异,是对"文革英语"语言策略中语言层次大众化的反映。实现语言层次大众化的目的,是为了推广"文革英语"的普及面,让受教育程度不高的人也能够读懂和接受"文革英语"。出于这个目的,"文革英语"对所选取的英语材料进行了删改。具体做法包括去掉其中语言难度较大的部分,改写了与"文革"形势不符的部分,增加了富含政治意味的词汇和语句。

如果把许国璋《英语》的1970年版本(以下简称"旧版")与1992年版本(以下简称"新版")相比,就会发现新版有一个最突出的特点——"去文革化"。具体来说,就是把旧版中出现的所有反映当时社会政治形势的词语和课文内容进行了更换或者删节。通过新旧两个版本之间的对比,"文革英语"中发生的语言变异现象更加一目了然。在旧版本中,几乎每一课都出现了涉及"文革英语"内容的段落变异现象。下面以新、旧版本对比的形式,对旧版中出现的"文革英语"的段落变异进行展示和分析。

例一:(材料取自教材第一册第六课的会话练习)

旧版的对话内容如下:

Teacher: Good morning, comrades. (同志们,早晨好。)

Students: Good morning, teacher. (老师，早晨好。)

新版的对话内容是：

Mr. Smith: Good morning, everybody. (大家早晨好。)

Students: Good morning, Mr. Smith. (史密斯先生，早晨好。)

在新版中，"文革"时期经常使用的一个重要称谓"comrades（同志们）"被替换成"everybody（大家）"，另外一个称谓"teacher（老师）"被替换成"Mr. Smith（史密斯先生）"。按照英语的使用规则，comrades（同志们）不适合用作称谓用语，因为它违反了英语的语言习惯；而teacher（老师）这个单词本身就不是称谓用词，所以不能被用来做称谓语使用。这两个词之所以出现在旧版许国璋《英语》中，是因为在实施"文革英语"的语言策略时直接抄袭了"文革语言"的内容。新版中的"everybody"和"Mr. Smith"都是符合英语使用规则的称谓用词。这种改动使该教材的英语内容更规范化，同时也对"文革英语"中的语言变异现象有了更清楚的展示。

例二：（材料取自第一册第八课）

旧版的段落内容如下：

Among them there are two Party members and eight League members. Comrade Liu is our monitor and Comrade Chang is our League secretary. （他们当中有两名党员和八名团员。刘同志是我们的班长，张同志是我们的团支部书记。）

新版的段落内容是：

Among them there are seven boys and eight girls. Liu Yang is our monitor and he is from Shanghai. （他们当中有七个男孩、八个女孩。刘阳是我们的班长，他来自上海。）

旧版的段落中又出现了"comrade"这个错误的称谓用词，新版对此进行了删改。旧版在介绍班级成员时突出介绍了"Party members（党员）"、"league members（团员）"和"league secretary（团支部书记）"这几个词。实际上，这几个词在英语中本来是不存在的，它们都是"文革英语"按照"文革语言"的词汇进行的对应翻译，是通过"造词法的政治性延伸"这一途径直接造出来的词汇。新版把这些标识身份的词改成了

"boys（男孩）"和"girls（女孩）"，这样就符合了英语的使用规则，这段英语读起来就地道了。

例三：（材料取自第一册第十七课）

旧版中有这样一段话：

For this week's political study we shall read Chairman Mao's essay *On Practice*. Please make notes while you read. If you have any questions, write them on a slip of paper and hand them in before Friday. The teacher will answer them in class next week.（本周政治学习内容为阅读毛主席的《实践论》。阅读的时候要做笔记。如果有问题就写在一张纸上，在周五之前交上来。老师将在下周的课堂上予以解答。）

新版中把这一段内容改为：

A Japanese student delegation will come to visit our school on Friday afternoon. They will come to our class at 2 p.m. If you have any questions about Japanese students' life, you can discuss with them when they come.（一个日本学生代表团周五下午要来参观我们学校。他们在下午两点来我们班。如果你有任何关于日本学生生活的问题，可以在他们到来时和他们一起讨论。）

"政治学习"是"文革"时期的特殊现象，它的内容是要求人们在固定的时间内一起学习政治文件，领会政治精神。"文革"结束后，"政治学习"也被取消。新版中删除了"政治学习"这个词，主要的考虑是无论外国人还是现在的中国学生，都不知道"政治学习"是怎么回事。但是"political study（政治学习）"这个"文革语言"的绝对特色在"文革英语"中能够出现，说明当时"文革英语"对"文革语言"的模仿已经惟妙惟肖了。

另外，从"如果对毛主席的《实践论》有理解问题，教师将在课堂上予以解答"这句话的内容上看，教师的身份早已不是只讲授英语课程的知识分子了。在当时情况下，能够对毛主席著作进行解释的教师，绝对不只是在行动上参与了"文革"，他们在意识上已经接受了"文革"，并开始以"文革"卫道士的身份发挥作用了。

例四：（材料取自第二册第十一课）

新、旧版本用的都是一个题目：The Great Hall of the People（人民大会堂），但是在课文的第一段出现了变异情况。

旧版内容如下：

In speed of construction the Chinese have far outpaced America. By 1954 they had mastered the problem of high speed construction. James Cameron of the London News Chronicle, who was in China that year…（在建设速度方面，中国人民已经远远超过了美国。在1954年他们已经掌握了高速建设的问题。伦敦新时代周刊记者詹姆斯·卡梅隆当年在中国……）

新版改动如下：

China's Great Hall of the People, built in 1958, was a remarkable example of her speed of construction. James Cameron of the London *News Chronicle*, who was in China in 1954…（中国的人民大会堂建于1958年，是中国建设速度的一个显著代表。伦敦新时代周刊记者詹姆斯·卡梅隆1954年在中国……）

即使是在改革开放20年后，中国的建设速度也没有超过美国。况且，从1949年新中国成立到1954年短短五年之间就"掌握了高速建设问题"，这种狭隘的自吹自擂和狂妄自大，只有在"文革"那种疯狂的社会状态下才会表现出来。相比之下，新版中对这段的修改就显得自然得多，更容易为读者所接受。从这段文字的修改可以看出，"文革英语"的语言变异反映的绝不只是语言问题。透过这种疯狂的语言变异现象，表现出来的是思想觉悟方面的变化。

例五：（材料取自第三册第六课）

新版本的题目是 The Study of English（英语学习），和旧版本的题目一致，但是其中有一段话的改动很明显。

旧版内容：

To know what is going on outside our country, to tell our friends abroad what is going on in China, to help the oppressed peoples in their struggle against imperialism and for freedom and happiness—to do all this, a good command of foreign languages is necessary.（要想知道我们国家之外都在发生什么，要想告诉我们的外国朋友中国正在发生什么，要想帮助被压迫人民反对帝国主义、争取自由幸福——所有这些，都需要学好外语。）

新版内容更改为：

To know what is going on outside our country, to tell our friends abroad what is going on in China, to carry out international trade — to do all this, a good command of foreign languages is necessary. （要想知道我们国家之外都在发生什么，要想告诉我们的外国朋友中国正在发生什么，要想完成国际贸易——所有这些，都需要学好外语。）

"帮助被压迫人民反对帝国主义、争取自由幸福"这些话，属于明显的"粗暴干涉他国事务"行为。这种"文革语言"中体现出来的语言变异现象，反映出来的是当时中国人盲目自大的不正常心态。这种因政治暴力而产生的语言暴力，在"文革英语"中发挥得淋漓尽致，充分体现了"文革英语"语言策略中的语言内容政治化要求。国际贸易是国家之间正常关系往来的一个标志，新版对旧版的删改，表明了社会状态的进步，体现了国家与国家之间的平等关系，消除了语言暴力现象。

在许国璋《英语》的旧版本中，这类段落变异的现象不胜枚举。在对新、旧版本进行比较的过程中，还发现了很多类似的、有代表性的变化情况，在下面的表格中一并列出，并稍加分析，以供参考（其中画线部分为改变部分）。

出处	旧 版	新 版	变化内容
第一册 第十四课	We also study Chinese and the History of the Chinese Communist Party. （我们还学习中文和中国共产党史）	We also study Chinese and World History. （我们还学习中文和世界历史）	把旧版的"中国共产党史"换成了"世界历史"，削弱了政治性
	Please write to me soon and tell me about your life in the commune. （请写信给我告诉我你们在公社的生活情况）	Please write to me soon and tell me about your life as a teacher. （请写信给我告诉我你的教师生活）	去掉了"公社"这个"文革"的常用词
第一册 第十五课	They play an important part in socialist construction. （他们在社会主义建设中起到了重要作用）	They play an important part in people's life. （他们在人们的生活中起到了重要作用）	把"社会主义建设"换成了"人们的生活"，淡化了政治气氛

续表

出处	旧 版	新 版	变化内容
第一册 第十七课	Comrades, I have a few things to tell you. (同志们，我告诉你们几件事)	Hello, everybody. I have a few things to tell you. (大家好，我告诉你们几件事)	政治性称谓变成了礼节性问候
	Tomorrow afternoon there will be a report on current affairs by a comrade from the *People's Daily*. (明天下午一位来自人民日报的同志给我们做一个时事报告)	Tomorrow afternoon there will be a talk on current affairs by a reporter from the *People's Daily*. (明天下午一位来自人民日报的记者要和我们谈谈时事)	同志变成了记者，严肃的报告变成了随和的交谈
	In the evening we shall discuss his report. (晚上我们讨论他的报告)	In the evening he will give us a slide show. (晚上他给我们放幻灯片)	政治讨论变成了娱乐活动
第一册 第二十一课	We worked side by side with the commune members. (我们和社员们并肩劳动)	We worked side by side with the farmers. (我们和农民们并肩劳动)	时代政治名词换成了普通名词
	The peasants showed us how to cut the rice and how to tie the bundles. (这些贫农告诉我们如何割稻子并打捆)	The farmers showed us how to cut the rice and how to tie the bundles. (这些农民告诉我们如何割稻子并打捆)	阶级名词变成了普通名词
第二册 第四课	Then some old friends of ours took us to see what the commune had achieved. (一些老朋友带我们去看公社的成就)	Then some old friends of ours took us to see what they had achieved. (一些老朋友带我们去看他们的成就)	"文革"热词"公社"被删掉了

三 篇章的变异表现

"文革英语"中篇章变异的特点，是其语言策略中"语言内容政治化"的全面反映。"文革英语"的语言内容，绝大多数译自"文革语言"。在篇章方面，"文革英语"对当时出现的歌颂毛主席和共产党、歌颂社会主义新生活的文章照译不误。在选编国外英语材料的时候，凡是有关社会主义国家领袖的故事都予以采纳，反映第三世界国家争取独立和解放斗争的故事也在选取范围之内。

在这种语言策略的影响下，旧版许国璋《英语》几乎成了英语版的"文革"政治教材。其编写目的不再是讲授英语的语言知识，而是在介绍中国的文化大革命。这套书实际上成了赞颂我国的社会主义制度，支持全世界无产阶级革命斗争的宣传册。新版许国璋《英语》在篇幅上做了比较大的调整，与"文革"时期的旧版相比，新版只保留了原有四册教材中的前三册，并对大部分课文进行了更换。此外，课文的排列顺序由旧版本的分册排序改为新版本的统一排序。详见下表。

	旧 版		新 版
第一册			
1	语音	1	语音
2	语音	2	语音
3	语音	3	语音
4	语音	4	语音
5	语音	5	语音
6	AN ENGLISH LESSON	6	AN ENGLISH LESSON
7	MY HOME	7	MY HOME
8	OUR CLASS	8	OUR CLASS
9	OUR MONITOR	9	MY FRIEND
10	A DIALOGUE	10	A DIALOGUE
11	THE DAYS OF THE WEEK	11	THE DAYS OF THE WEEK
12	THE SEASONS	12	THE SEASONS
13	A DAY AT COLEEGE	13	A DAY AT COLEEGE
14	A LETTER TO A FRIEND	14	A LETTER TO A FRIEND
15	ANRIGHBOURHOOD SERVICE CENTER	15	ASERVICE CENTER
16	SUNDAY IN THE PARK	16	SUNDAY IN THE PARK

续表

	旧　版		新　版
17	AN ANNOUNCEMENT	17	AN ANNOUNCEMENT
18	THE LIBRARY	18	THE LIBRARY
19	STUDY AS LENIN STUDIED	19	NIGHTINGGALE
20	THE COCK CROWS AT MIDNIGHT	20	LADY GODIVA
21	A DAY OF HARVESTING	21	A DAY OF HARVESTING
22	MYHOME TOWN	22	TOURISM
23	THE TWO FRIENDS AND THE BEAR	23	THE TWO FRIENDS AND THE BEAR
24	INSTPECTOR HORNBERG VISITS A SCHOOL	24	INSTPECTOR HORNBERG VISITS A SCHOOL

第二册

1	A LETTER FROMPEKING	25	THE LARGEST AND MOST POPULOUS
2	THE GOLDEN TOUCH	26	THE GOLDEN TOUCH
3	ROBERT BRUCE, KING OF ENGLAND	27	ROBERT BRUCE, KING OF ENGLAND
4	AN OUTING	28	AN OUTING
5	MEET VIOLENCE WITH VIOLENCE	29	A HIGH SCHOOL TEACHER
6	LIFE AT GATESHEAD HALL	30	LIFE AT GATESHEAD HALL
7	MINISTERS WITH PICK AND SHOVEL	31	CHALLENGES
8	MAY DAY	32	THE GREAT PYRAMID
9	THE DEVOTED FRIEND	33	THE DEVOTED FRIEND
10	THE DEVOTED FRIEND	34	THE DEVOTED FRIEND
11	A RED ARMY MAN'S CAP	35	THE STORY OF HELEN KELLER
12	A SERVICE OF LOVE	36	A SERVICE OF LOVE
13	THE LAST LESSON	37	THE LAST LESSON
14	THE LAST LESSON	38	THE LAST LESSON
15	CHRISTOPHER COLUMBUS	39	CHRISTOPHER COLUMBUS
16	THE ART SCHOLARSHIP	40	THE ART SCHOLARSHIP
17	THE ART SCHOLARSHIP	41	THE ART SCHOLARSHIP

续表

旧 版		新 版	
第三册			
1	A SWEET PATATO PLOT	42	THE RED CROSS
2	GOLDEN TRUMPETS	43	GOLDEN TRUMPETS
3	CHINA	44	KILLERS OF BACTERIA
4	THE BLIND MEN AND THE ELEPHANT	45	THE BLIND MEN AND THE ELEPHANT
5	OLIVER WANTS MORE	46	AFRICA——LAND AND CIVILIZATION
6	THE STUDY OF ENGLISH	47	THE STUDY OF ENGLISH
7	LENIN INLONDON	48	COLOSSAL CITIES OF THE FUTURE
8	TE LAST LETTER OF PATRICE LUMUMBA	49	HEART TRANSPLANTS
9	A DOCTOR SENT BY CHAIRMAN MAO	50	JOHN HUNTER
10	OUR EARTH	51	OUR EARTH
11	THE GREAT HALL OF THE PEOPLE	52	THE GREAT HALL OF THE PEOPLE
12	TOCHINA AT NINETY	53	COMPUTERIZED SUPERMARKET
13	THE COP AND THE ANTHEM	54	THE COP AND THE ANTHEM
14	THE FINANCIERS	55	THE FINANCIERS
15	THE FINANCIERS	56	THE FINANCIERS
16	ROBINSON CRUSOE MAKES HIMSELF A BOAT	57	ROBINSON CRUSOE MAKES HIMSELF A BOAT

注：下划线部分为"文革"期间发生变异的课文，在新版中恢复正常。

对上面表格进行数据统计后得出：在总共57篇课文中，发生整体更换现象的课文共有15篇，占课文总数的30%[①]。（这个数字没有把题目相同而内容不同的课文计算在内）新版在进行课文更换时有以下特点：

（1）前五课的语音教学没有变动。语音教学属于纯物理性的发音模仿，其教学内容是指导学生按照英语的音标要求发出正确的声音。在这部分教学中，文字内容极少，即使有少许文字出现，也是对口腔发音器官位置的说明。这部分内容根本不涉及政治，又是英语学习中最为基础的东西，所以没有任何变动。

（2）这些涉及自然界和对客观事物介绍方面的课文内容都没有涉及政

---

① 前五课属于语音教学，没有计算在内。

治内容，不属于"文革英语"中发生语言变异的范围，因此没有变动。下面表格中的课文都属于这种情况：

第一册	
MY HOME	我的家庭（介绍家庭成员）
A DIALOGUE	一次对话（介绍一周课程安排）
THE DAYS OF THE WEEK	一周内的七天（每天的英语说法）
THE SEASONS	季节（自然常识）
A DAY AT COLEEGE	学校的一天（每天例行公事）
SUNDAY IN THE PARK	周日去公园（生活休闲）
THE LIBRARY	图书馆（如何使用）
第三册	
OUR EARTH	我们的地球（自然常识）

（3）有些课文属于引用外国故事，没有变动。这些文章的来源都是外国作品，所以即使有一些涉及政治方面的内容，也只是对英语原文的片面引用和简要修改，其中并没有源自"文革语言"背景的"文革英语"语言变异现象，因此新版中这些内容都没有发生变动。但是，这些课文的内容都集中于对资本主义制度的抨击和批判，既符合当时人们唯我独尊的意识形态，又符合"文化大革命"的政治形势，因此应该被看作"文革英语"中的篇章变异现象。

见下表：

第一册	
THE TWO FRIENDS AND THE BEAR	两个朋友和熊
INSTPECTOR HORNBERG VISITS A SCHOOL	豪恩伯格督学参观学校
第二册	
THE GOLDEN TOUCH	金手指
ROBERT BRUCE, KING OF ENGLAND	罗伯特布鲁斯，英格兰之王
LIFE AT GATESHEAD HALL	盖茨海德大厦的生活
THE DEVOTED FRIEND	尽心尽力的朋友
A SERVICE OF LOVE	爱的服务
THE LAST LESSON	最后一课

CHRISTOPHER COLUMBUS	克里斯托弗 哥伦布
THE ART SCHOLARSHIP	艺术奖学金
第三册	
GOLDEN TRUMPETS	金色小号
THE BLIND MEN AND THE ELEPHANT	盲人摸象
THE COP AND THE ANTHEM	警察和赞美诗
THE FINANCIERS	理财者
ROBINSON CRUSOE MAKES HIMSELF A BOAT	鲁宾逊·克鲁所给自己造了艘船

（4）凡是与政治内容有关的课文，全部予以更换。

见下表：

第一册	
OUR MONITOR	MY FRIEND
STUDY AS LENIN STUDIED	NIGHTINGGALE
THE COCK CROWS AT MIDNIGHT	LADY GODIVA
MYHOME TOWN	TOURISM
第二册	
A LETTER FROMPEKING	THE LARGEST AND MOST POPULOUS
MEET VIOLENCE WITH VIOLENCE	A HIGH SCHOOL TEACHER
MINISTERS WITH PICK AND SHOVEL	CHALLENGES
MAY DAY	THE GREAT PYRAMID
A RED ARMY MAN'S CAP	THE STORY OF HELEN KELLER
第三册	
A SWEET PATATO PLOT	THE RED CROSS
CHINA	KILLERS OF BACTERIA
OLIVER WANTS MORE	AFRICA—LAND AND CIVILIZATION
LENIN INLONDON	COLOSSAL CITIES OF THE FUTURE
THE LAST LETTER OF PATRICE LUMUMBA	HEART TRANSPLANTS
A DOCTOR SENT BY CHAIRMAN MAO	JOHN HUNTER
TOCHINA AT NINETY	COMPUTERIZED SUPERMARKET

新版对旧版课文的更换方法，基本上可以分成两类。

第一类：更换为自然常识和自然科学方面的内容。

第一册中以控诉旧社会、歌颂新生活为主题的 MY HOME TOWN（我的故乡）一课在新版中更换成了以介绍旅游知识为主的 TOURISM（旅游）。

第二册中以叙述新中国成立后美好生活和巨大变化为主题的 A LETTER FROM PEKING（北京来信）一课被更换为以介绍亚洲人文地理为主题的 THE LARGEST AND MOST POPULOUS（面积最大、人口最多的亚洲）；以描述新中国党和国家领导人参加体力劳动为主题的 MINISTERS WITH PICK AND SHOVEL（手拿铁锹和镐头的部长们）一课被更换为以如何应付自然界挑战为主题的 CHALLENGES（挑战）；以描述庆祝"五一"国际劳动节大游行为主题的 MAY DAY（五一）一课被更换为介绍人类文明壮举的 THE GREAT PYRAMID（大金字塔）。

第三册中以描述红军革命斗争为主题的 A SWEET PATATO PLOT（一块红薯地）一课被更换成介绍国际人道组织的 THE RED CROSS（红十字会）；描述解放后发生巨大变化的 CHINA（中国）一课被更换为 KILLERS OF BACTERIA（细菌杀手）；选自《雾都孤儿》、鞭笞资本主义社会剥削制度的 OLIVER WANTS MORE（奥利弗还想要）一课被更换为介绍非洲地理和文明的 AFRICA—LAND AND CIVILIZATION（非洲——土地和文明）；记叙革命领袖留学生涯的 LENIN IN LONDON（列宁在伦敦）一课被更换为具有科学幻想色彩的 COLOSSAL CITIES OF THE FUTURE（未来拥挤的大都市）；表达刚果革命领袖帕特里克·鲁蒙巴革命信念的 THE LAST LETTER OF PATRICE LUMUMBA（帕特里克·鲁蒙巴的最后一封信）一课被更换为纯粹的自然科学知识 HEART TRANSPLANTS（心脏移植）；从外国人角度歌颂新中国的 TO CHINA AT NINETY（九十岁写给中国）一课被更换为展望未来生活的 COMPUTERIZED SUPERMARKET（计算机化的超级市场）。

第二类：更换为世界名人的故事。

第一册中以描述革命领袖刻苦学习精神为主题的 STUDY AS LININ STUDIED（向列宁那样学习）一课被更换为介绍世界护理医学创始人南丁格尔的 FLORENCE NIGHTINGALE（南丁格尔）；以揭露旧社会地主剥削穷人为主题的 THE COCK CROWS AT MIDNIGHT（半夜鸡叫）被更换为以赞

美同情穷人、支持弱者而闻名的 LADY GODIVA（葛迪瓦夫人）。

第二册中以描述长征时期红军艰苦生活为主题的 A RED ARMY MAN'S CAP（一顶红军的军帽）一课被替换成描述美国盲人基金会的主要领导人生平的 THE STORY OF HELEN KELLER（海伦·凯勒的故事）。

第三册中歌颂新中国民族政策的 A DOCTOR SENT BY CHAIRMAN MAO（毛主席派来的医生）被更换为介绍世界著名外科医生的 JOHN HUNTER（约翰·亨特）。

许国璋《英语》新版对旧版课文的大规模更换，从反面说明"文革英语"的篇章变异在"语言内容政治化"策略的指导下，已经在当时的高校英语教学中达到了泛滥猖獗的地步。

第七章
"文革英语"的身份建构过程

语言建构社会身份是一个复杂的过程。人们在社会活动中创造了语言，语言反过来建构人们的身份。语言作为社会生活中的基本要素，不仅是人们用来再现现实的镜子，而且是人们用来建构现实的工具。人们在参与不同的社会活动时，通过创造不同的语境构建不同的社会身份。社会身份通过各种语境在社会活动中被建构出来，并通过其社会活动来识别。

在语言建构社会身份的过程中，发生剧烈语言变异现象的社会阶段是建构作用得以发挥的最明显时期。剧烈的语言变异现象都是以剧烈的社会动荡为时代背景的，在社会动荡时期，社会中的各种因素都发生巨大变化。语言作为社会诸因素中最敏感的成分，不仅自身因为受到社会变化的影响而发生巨大变异，同时还对社会其他因素的变化产生重大影响，对社会变迁中人的身份变化的建构作用尤其明显。

"文革英语"对高校英语教师的社会身份起到了重要的建构作用，充分展示了语言变异对社会现实的建构功能。"文革英语"通过对教材内容的全面覆盖，为高校英语教师树立了新的形象、建构了新的政治身份。虽然有部分教师因为执教英语而被打成"特务"，并在"文革"中遭到致命打击，但是高校英语教师中的多数人都因为有了"文革英语"建构的新身份，得以在当时的逆境中生存下来。

"文革英语"对高校英语教师的身份建构是一种明显的主动行为。它是高校英语教师为了实现身份建构而人为形成的有意识的语言变异。这种通过有意识地创造语言变异现象来建构身份的做法，突出地表现了语言变异对社会身份的建构作用，是研究语言和社会之间关系极具代表性的素材。

第一节 政治形象建构

反思社会学的创始人布迪厄（Pierre Bourdieu）认为，在人们的语言交往中，人们所完成的并不只是语言文字符号及其意义方面的交换，而是不同的个人、团体、阶级和群体之间的社会地位和社会势力的交流、调整、比较和竞争，也是他们所握有的权利、资源、能力及社会影响的权衡过程。[1]

美国学者 Donald Taylor 和 Fathali Moghaddam 论述了构成社会身份的四项因素。（1）分类因素：人们经常把自己或者他人放到某个类别之中，赋予一种标识进行称谓；（2）识别因素：人们把自己同某个群体进行联系或者区分以彰显自身；（3）对比因素：人们把自己同其他群体比较，努力找出自身所属群体的优势；（4）心理区分因素：人们渴望在与其他群体的比较中突出自己。[2] 高校英语教师在"文革"中遭到冲击，被迫形成了对形势的屈服和认同。要想重新融入"文革"社会，他们必须建构新的政治形象。政治形象就是区别或者归属于某一政治群体的标识，而对政治形象的建构就是把政治群体的归属明确化。在建构政治身份的过程中，高校英语教师使自己具有了归属革命团体的标识。

"文革"时期判断一个人政治归属的标准就是一个简单的"忠"字，即忠于"伟大领袖"毛主席。具体可以理解为"文革"时期流行的"三个忠于"（即：忠于毛主席、忠于毛泽东思想、忠于毛主席的革命路线）、"四个无限"（即：无限热爱毛主席、无限信仰毛主席、无限崇拜毛主席、无限忠于毛主席）和"四个伟大"（即伟大的导师、伟大的领袖、伟大的

---

[1] 侯钧生：《西方社会学理论教程》，南开大学出版社，2001。
[2] 译自 Taylor, Donald; Moghaddam, Fathali（1994-06-30）."Social Identity Theory". *Theories of Intergroup Relations: International Social Psychological Perspectives*（2nd ed.）. Westport, CT: Praeger Publishers. 第 80~100 页。

统帅、伟大的舵手)。① 一个人只要做到了"三个忠于"和"四个无限"，其政治归属就会得到社会认同，其政治形象也会因而明确。这里提到的"三个忠于"、"四个无限"和"四个伟大"时，就是建构人们政治形象的"文革语言"。但是，这几句套话对人们政治形象的建构，不是说只有当一个人真正做到了"三个忠于"、"四个无限"和"四个伟大"时，他的政治形象才会被建构起来。在"文革"社会中，大多数人都是靠着每天不断地喊着这些口号，或者是反复地诵读毛主席语录和著作，才会被认为是革命的，其政治形象才会被建构起来。

美国学者尼古拉斯·奥纳夫指出，"依据建构主义的观点，世界和词语之间不是彼此独立的，而是相互构成的。经过人们不断重复的言语行为会变成制度化的东西，并因此衍生分享规则，这种分享规则可以为人们未来的行为提供有意义的环境和基础。因此，语言既是再现性的，也是实施性的，人们不仅用语言代表行动，而且用语言实施行动。"② 奥纳夫的这段话给研究语言建构政治形象提供了一个思路：只要有了符合政治标准的话语，并且把这些话语在日常的生活中反复地讲出来，就可以建构预期的政治形象。

"文革"时期高校英语教师创造"文革英语"的初衷，就是在高校教师范围内把"文革语言"翻译成英语，通过重组教科书体系做到经常而反复地使用"文革英语"，形成了整个社会群体对高校英语教师满口"革命英语"的良好印象。随着时间的推移，高校英语教师可靠的政治形象得以逐步建构。"文革英语"建构高校英语教师政治形象的过程包含词汇、语句、段落和篇章等方面的语言变异，这些构成成分从各自的角度发挥作用，相互协调，完成了高校英语教师的政治形象建构。

一 词汇变异与政治形象建构

维特根斯坦认为："一个词的意义就是它在语言中的使用。"③ 他认为语言的意义在使用中产生，语言与意义是同构的，在社会实践中使用的语

---

① 陈长峰：《"文革"时期普通知识分子的抗争述论》，《传承》2008 年第 14 期。
② 尼古拉斯·奥纳夫：*World of Our Making*，Oxford，1989。
③ 维特根斯坦：*Philosophical Investigations*，Oxford，1958。

言既建构了现在的意义,也建构了未来的意义。本书第二章在论述"文革英语"的语言变异时,把词汇变异的表现分为四个方面:生僻词演变为常用词;弱势义项演变为强势义项;新义项的强制生成;造词功能的政治性延伸。

首先,"生僻词演变为常用词"对政治形象的建构作用。本书第二章在对"生僻词演变为常用词"的论述中,引用了"comrade(同志)"一词的演变过程。

参考资料:

"同志"一词在"文革"时期所具有的身份建构作用,可以通过下面这段历史记叙得到了解:新中国成立以来,有两个最大的冤案,其一是政治上刘少奇主席被残害致死,其二便是文艺界的最大冤案——"胡风反革命集团"。胡风因文艺思想与中共高层的文艺指导思想略有差异,被无辜关押20多年,身心受到严重损害。刚开始批胡风时,尚是"胡风同志……",进而是"胡风先生……",最后是"胡风……",从"同志"到"先生"再到直呼其名,称谓上的一系列变化,暗示出胡风问题的不断升级。从"小资产阶级文艺思想"到"资产阶级文艺思想"到"反党集团"到"反革命集团"。"同志"这一当时最流行,也是最普通的称谓,却与胡风无缘,胡风当时多么盼望别人能喊自己一声"同志",但却不可能。胡风也正是从称谓的变化上感到"人民内部矛盾"与"敌我矛盾"的变化。"同志"一词虽小,但其包含的意蕴是巨大的。①

这段文字有力地证明了"同志"一词对人的政治形象的建构功能。异曲同工,对于高校英语教师来说,"文革英语"中的"comrade"这个词具有和"文革语言"中"同志"一样的建构功能。

其次,"弱势义项演变成强势义项"对政治形象的建构作用。本书第三章在论述"弱势义项演变成强势义项"这方面现象时,举出的例子是"revolution(革命)"。在马克思主义术语中,革命的本义即社会政治革命,

---

① 俊虎:《"同志"一词的演化及其文化意义》,《陕西师范大学学报》2001年专辑。

是指"革命阶级用革命的手段推翻反动阶级的政治统治，用先进的社会制度代替腐朽的社会制度，造成社会形态质的飞跃。""是阶级斗争的最高形式。""是一个阶级推翻一个阶级的暴烈的行动。"① "文革"的全称是"无产阶级文化大革命"，它本身就是一场革命。在"文革"中，能够和"革命"产生联系的人或事，在政治上都是先进的，可靠的。

许国璋《英语》中有这样的语句："always be a revolutionary"，翻译过来就是"永远做一个革命者"。还有"live and die for the revolution（为革命而生，为革命而死）"、"chairman Mao is our great revolutionary leader（毛主席是我们伟大的革命领袖）"等等。可见，如果用"revolution"一词来修饰一个人，这个人的政治形象马上就会被建构起来。

在"文革英语"中，类似于 revolution 一样具有建构政治形象功能的单词很多，下面列举的词汇都属于这类：orientation（东方，象征革命之地）、a black sheep（败类，建构敌对身份）、fall behind（落后，建构消极身份）、route（路线，建构群体归属）、fight（斗争，建构革命手段）、obstacle（障碍，建构困难）、furnace（熔炉，建构事业）、shield（防护，建构警惕意识）、secretary（书记，建构党的干部身份）、criticism（批评，建构工作态度）、movement（运动，建构形势）、pioneer（先锋，建构勇敢者形象）、example（榜样，建构别人学习的楷模）、go all out（全力以赴，建构奉献精神）、policy（政策，建构政治水平）、field（田野，建构革命场所）、review（评论，建构话语），等等。

词汇变异的第三个表现是"新义项的强制生成"。本书第二章在进行这方面论述时举出的例子是 commune（公社）这个词。commune 最先出现在法语中，其原始意义指的是一种激进的政治团体，例如"巴黎公社"。被"强制生成义项"之后，commune 进入了"文革英语"，用来指代中国农村的"人民公社"。commune 能够具有对政治形象的建构功能，完全依赖于"文革"时期的"血统论"思想的泛滥。

"文革"期间，按唯成分论的"左"倾标准，人们被划分为"红五类"和"黑五类"。"红五类"指的是工人、贫下中农、革命干部、革命

---

① 周东启：《什么是革命?》，《学术交流》2008年第1期。

军人、革命烈士;"黑五类"指的是地主、富农、反革命分子、坏分子、右派分子。由于贫下中农在"红五类"中名列前茅,与其有关的东西也都鸡犬升天,受到了人们的追捧。在这种情况下,贫下中农所处的集体——公社,也就是 commune,马上变成了全国人民心目中的"圣地"。全国各行各业都兴起了到"人民公社"参观,向贫下中农学习的热潮。因此,"文革英语"中的 commune 也随之成为"炙手可红"的单词,具备了建构政治形象的功能。

上海外语教育出版社的《英语》教材中有"Our Commune(我们的公社)"一课,文中把当时的人民公社描述成了共产主义社会一样的美好天堂,在 commune 里生活的社员们都被描述为具有极高社会觉悟,热爱生活、爱党爱国的群众。commune 一词完全具备了建构身份和生活的词汇。

"造词功能的政治性延伸"就是合成新词,这个方法在"文革英语"的词汇变异中出现得比较频繁。由于"文革语言"中出现了大量以"红"、"黑"、"革命的"、"政治的"、"社会主义的"和"共产主义的"为修饰词的合成词,"文革英语"中就相对应地出现了以"red"、"black"、"revolutionary"、"political"、"socialistic"和"communist"等作为前缀的合成词。

详见列表:

(1) 以"红色的 (red)"开头的合成词,红色在"文革"时期象征革命,因此 red 这个词就相对应地具备了建构革命身份的功能:

Red sea	Red people	Red direction	Red movie
Red commander	Red storm	Red guard	Red play
Red flag	Red district	A red heart	Red novel
Red star	Red language	Red headquarters	Red story
Red Guerilla	Red light	Red thoughts	Red announcement
Red slogan	Red student	Red revolution	Red soldier
Red army	Red propaganda	Red action	Red book

（2）以"黑色的（black）"开头的合成词，其意义为"反动的"，所以 black 就能把人的政治形象建构成反动的：

Black commander	Black story	Black thoughts	Black book
Black gang	Black home	Black fellow	Black words
Black meeting	Black novel	Black heart	Black thoughts
Black world	Black theater	Black family	Black ideas
Black film	Black actor	Black diary	Black headquarters

（3）以"革命的（revolutionary）"开头的合成词。下面列表中的词汇都是它的建构功能的延伸：

Revolutionary battle	Revolutionary furnace
Revolutionary parade	Revolutionary people
Revolutionary commune	Revolutionary movement
Revolutionary students	Revolutionary announcement
Revolutionary slogan	Revolutionary army
Revolutionary banner	Revolutionary school
Revolutionary example	Revolutionary comrade
Revolutionary direction	Revolutionary practice
Revolutionary criticism	Revolutionary thoughts
Revolutionary novel	Revolutionary stories
Revolutionary play	Revolutionary government
Revolutionary family	Revolutionary tools
Revolutionary instruction	Revolutionary books
Revolutionary rebel	Revolutionary dictatorship

（4）以"社会主义的"（socialist）开头的合成词。"文革英语"中的大量内容都是歌颂新中国社会主义制度的，"社会主义的"这个词不仅具有建构政治形象的功能，而且能够在下面的合成词中扩展其建构作用：

Socialist society	Socialist policy
Socialist countries	Socialist soldiers
Socialist climax	Socialist union
Socialist school	Socialist songs
Socialist system	Socialist works
Socialist movement	Socialist career
Socialist construction	Socialist road
Socialist revolution	Socialist directions
Socialist revolutionary	Socialist youth
Socialist thoughts	Socialist family
Socialist frontier	SocialistChina

（5）以"共产主义（Communist）"开头的合成词。共产主义是"文革"时期人们共同追逐的美梦，这个词不仅可以建构人的政治形象，还可以建构未来：

Communist blueprint	Communist goal
Communist dream	Communist storm
Communist system	Communist union
Communist society	Communist world
Communist party	Communist career
Communist future	Communist road
Communist ideal	Communist thoughts
Communist soldiers	Communist spirits

布鲁默在"符号互动论"中认为"当个体在应付他所遇到的事物时，他通过自己的解释去运用和修改这些意义"。[1] 这些充满"文革"政治意味的词汇，构成了英语语言发展历史中的一道最为独特的风景线。上面各个

---

[1] 侯钧生：《西方社会学理论教程》，南开大学出版社，2001。

列表中出现的新词，绝大多数都因为具有"文革"时期的"革命意义"，而得以在"文革"这个极为特殊的历史背景下使用和传播。

高校英语教师通过对这些"文革英语"词汇的创造和使用，在语言表现上完全顺应了当时社会政治形势的潮流。他们通过听"文革英语"、说"文革英语"、读"文革英语"和写"文革英语"，把自己里里外外都装饰上了"革命"的迷彩。社会群体因此把他们看作"文革"队伍中的同志，开始了和他们的"革命联合"。高校英语教师从而建构了自己符合时代要求的政治形象。

二　语句变异与政治形象建构

词汇如果不放到语句里，就无从显示其意义。在形成语句的过程中，要经历对词汇的拣选和重组，所以语句的意义是词汇意义的集中体现和逻辑蕴涵。在建构语言使用者的政治形象的过程中，语句发挥的作用更明显。语句变异所具有的建构政治形象的功能与词汇变异有所不同，语句由于具有完整的表达意义而更能表现出强烈的感情色彩，因此会产生更强大的建构作用。①

前文提到，研究语言建构政治形象思路是"只要有了符合政治标准的话语，并且把这些话语在日常的生活中反复地讲出来，就可以建构预期的政治形象"。话语包含词汇和语句，但是构成话语的主要部分是语句，要做到"把这些话语在日常生活中反复地讲出来"，就要做到反复地说话语中的语句。"文革英语"中政治意味浓厚，可以充分建构人们政治形象的语句多如牛毛，仅在当时的英语教材中就可以找到很多例子。下面列表中的语句都选自许国璋《英语》，"文革"期间的高校英语教师就是在反复诵读这些语句的过程中树立了自己的"革命"形象，建构了政治身份。

详见下表：

---

① 本节所统计的语句均出自许国璋《英语》，商务印书馆，1972。

1. In 1949, the people, led by the Communist Party, succeeded in overthrowing the evil rule of the imperialists and Kuomintang reactionaries. (lesson 3)	1949年，中国人民在共产党领导下，推翻了帝国主义者和国民党反动派的邪恶统治。
2. Under the leadership of the Party and Chairman Mao Tse-tung, the 650 million people of China are forging ahead to new goals and still greater victories. (lesson 3)	在中国共产党和毛主席的领导下，6亿5千万中国人民团结一心，奔向新的目标和更大胜利。
3. In our great land of socialism, millions of ordinary men and women are working selflessly to wipe out poverty and backwardness, and build our motherland into a strong and prosperous socialist country. (lesson 9)	在我们伟大的社会主义大地上，数百万普通群众都为摆脱平穷和落后而无私地工作着，要把我们的祖国建设成为一个强大而繁荣的社会主义国家。
4. Healthy and happy, they are going all out to build socialism. (lesson 22)	他们健康幸福，正在全心全意地建设社会主义。
5. Lenin worked very hard at foreign languages, because he knew they were a useful weapon in revolutionary struggle. (lesson 19)	列宁学习外语很努力，因为他知道外语是进行革命斗争的有力武器。
6. Yesterday we went to an exhibition on the life and work of Lenin, the great revolutionary leader of the working class. (lesson 19)	昨天我们参观了列宁的生活工作展览，他是工人阶级伟大的革命领袖。
7. Whatever happens, we must carry the revolution through. (lesson 11)	无论发生什么事，我们都要将革命进行到底。
8. A revolution is always full of hardships, but they are nothing to men who have the happiness of the whole Chinese people at heart. (Lesson 11)	革命征途充满艰难险阻，但是对于心中怀有全中国人民幸福的人来说，艰难险阻算不了什么。
9. 1958 was a year of the big leap forward in all fields of socialist construction. (lesson 3)	1958年是全面建设社会主义大跃进的一年。
10. They will teach me to use English effectively both as a tool and as a weapon.	他们将教会我充分地把英语作为工具和武器来使用。
11. To know what is going on outside our country, to tell our friends abroad what is going on in China, to help the oppressed peoples in their struggle against imperialism and for freedom and happiness—to do all this, a good command of foreign languages is necessary. (lesson 6)	要想知道我国家以外发生了什么，要想告诉我们国外的朋友们中国正在发生什么，要帮助被压迫人民反对帝国主义和争取自由幸福——要做好所有这些，有必要学好一门外语。

续表

12. Go on and on. Always be a true revolutionary! Live and die for the revolution! （lesson 11）	继续前进吧，永远都做革命者！生为革命生，死为革命死！
13. We'll ask the political commissar what he thinks about it. （lessons 1）	我们问问政委他是怎么看这个问题的。
14. We shall discuss the question at our next League meeting. （lesson 2）	下次支部会议我们将讨论这个问题。
15. We must always be modest even when we have made little progress. （lesson 4）	我们即使有了一点点进步，也一定要谦虚。
16. The Red Army men never gave up hope even under most trying situation. （lesson 5）	红军战士在最艰难的条件下也决不屈服。
17. How I longed to have a cap, a real soldier's cap! （lesson 11）	我多么希望能有一顶帽子，一顶真正的军帽啊！
18. Lu Hsun's dream of a free, independent new China has been realized. （lesson 6）	鲁迅的自由、独立的新中国的梦想已经实现了。
19. In speed of construction the Chinese have far outpaced America. By 1954 they had mastered the problem of high speed construction.	在建设速度方面，中国人民已经远远超过了美国。在1954年他们已经掌握了高速建设的问题。

英语里有句格言：Men are what they say，意思是一个人说的话就能表明他的身份。"文革"时期的高校英语教师们创造了"文革英语"的词汇和语句，并在日常生活和工作中进行使用。通过这种语言表现，他们在周边其他社会群体中树立了懂政治、谈政治的形象，表现出来一种由里到外的、彻底的革命精神。高校英语教师通过"文革英语"建构了自身的政治形象，逐步摆脱了受歧视的社会地位，融入了"文革"时代的革命大潮。

在访谈过程中，每当谈到"文革英语"对"文革"时期高校英语教师进行身份建构的问题，接受访谈的各位老师都认为当时的"文革英语"，也就是下文中提到的"革命英语"，对高校英语系的师生起到的是"护身符"的作用。

访谈材料：

"我们刚入学那会儿好，国家重视，老师也认真。我当时还是英语课代表呢。老师要求的严，经常给我们搞业余辅导，免费的，那时候也不知道要钱啊。可是'文革'爆发之后就不行了,成天喊砸烂"封资修",总要打倒'外语特殊论'。我们那些老师动不动就挨批,还有人给他们贴大字报,都贴到文科楼去了。"(nenu2008ZFQ)

"'文革'刚开始的时候没停课,但是课上讲的内容可就不一样了。当时的教材是许国璋《英语》,里面本来就有很多政治词汇,后来就只让说那些政治词汇了。再往后就开始学英文的毛主席语录,再往后就停课了。从'文革'开始到停课,这段时间有将近一年吧,我有点拿不准了。"(jlu2009LXB)

"那时候都得学政治词汇啊,不光学,还得说哪。你要是不说,就得挨整。你要是说了,你就是好人,就没事。哎呀,那时候可有意思了。刚开始是被逼着,不得不学。后来我们发现说这些革命英语可以保证我们安全,不出事儿。于是大伙就来了学习热情了,就像背诵毛主席语录一样背诵那些革命单词和语句,跟念经似的。这些革命英语就是护身符啊,你要是光学英语,那是走白专道路,整不好还得说你里通外国。你要是说革命英语,你就是又红又专。如果同学之间用这些革命英语交流,还说你是在丰富革命理论呢。其实我觉得当时的课倒变得容易了。以前讲课文,还得讲点儿背景和知识点之类的东西。后来讲革命英语还有毛主席语录,就领着大伙儿把意思读懂了就行了,剩下的就是背。"(bum2008TYM)

"老师对革命英语是啥态度?敢有啥态度啊?他们比我们还能背呢。因为大伙儿都学革命英语,平时遇着个标语口号啥的就都问他们咋说,所以他们应该比我们用功。这种学习还是有实际意义的,就是不出事呗。我现在还记得一些那时候学的单词呢,比如'总路线'啦,'南京路上好八连'啦,之类的。当时你只有嘴里总叨咕这些东西,人家才能把你看成是一伙的,干啥事都不能把你落下。其实这些东西,没用;就那个时候有用,过了那个时候,都没用了。"(jlu2009YSF)

在上面这些访谈中提到的"你要是不说,就得挨整。你要是说了,你就是好人,就没事"以及"你要是光学英语,那是走白专道路,整不好还得说你里通外国。你要是说革命英语,你就是又红又专。如果同学之间用这些革命英语交流,还说你是在丰富革命理论呢"这两部分内容，充分证明了"文革英语"在当时对高校英语教师和学生的政治形象的建构作用。

第二节 阶级立场建构

哈贝马斯在"沟通行为"理论中提出，"参与对话者能够在必要时改变立场，从讲话者的身份转变为倾听或观察者的身份，而且能够接受不同观点，甚至对立的观点。"[1] 新中国成立之后，国内各个阶级的敌对状况已经基本结束。但是在"文革"期间，敏感的政治形势又把阶级斗争推向高潮。极具阶级斗争色彩的"血统论"的出炉，人为地把人们划分为对立的两个阶级。在这个时期，人们的阶级身份可以起到性命攸关的作用。高校英语教师为了改变自己的命运，必须通过"文革英语"来建构新的阶级立场。

一 什么是阶级立场

阶级立场指的是主观上对某一阶级的靠拢，以形成阶级身份。"文革"时期的政治形势决定了当时社会的阶级敏感性，不同的阶级身份会给人带来截然不同的社会地位和政治利益，因此阶级立场在"文革"时期是至关重要的。

"文革"时期高校英语教师通过"文革英语"建构其阶级立场，原因在于顺应当时社会上的"血统论"思潮。在"文革"时期"阶级路线"的名义下，人们被按照唯成分论的"左"倾标准划分为三六九等（如"红五类"：工人、贫下中农、革命干部、革命军人、革命烈士；"黑五类"：地主、富农、反革命分子、坏分子、右派分子）。

这种唯成分论的"左"倾错误，逐渐演变成了赤裸裸的封建血统论。随着红卫兵运动在全国的兴起，"血统论"风潮也迅速蔓延到全国。"血统论"按家庭出身确定能否具有"革命"的资格，同时也就划分出了"革命者"和被"革命者"群体。"黑五类"成为了"红五类"革命

---

[1] 刘少杰：《后现代西方社会学理论》，社会科学文献出版社，2002。

的准对象。①

"文革"时期的高校英语教师的身份属性是知识分子,这个身份既不属于"红五类"中的工人、农民、革命干部、革命军人、革命烈士;也不属于"黑五类"中的地主、富农、反革命分子、坏分子、右派分子。这就使知识分子处在了一个既尴尬又茫然的、失去了阶级归属的境地,阶级立场陡然间成为他们最为关切的因素。在政治极其敏感的"文革"社会,知识分子为了避免被打入"黑五类"行列,必须想尽一切办法明确其阶级立场——向"红五类"靠拢。

本书第六章在论述"文革英语"的语言变异表现时,提到了相关的语言策略,即语言内容的政治化和语言层次的大众化。其中,语言层次大众化的目的,就是"让所有接触到'文革英语'的人读懂并接受其中的政治内容"。只有这样,他们在整个社会中的"革命"身份才能被理解和认可。

鉴于当时文化水平低下和教育基础薄弱的社会状况,要想达到让多数人都理解和接受"文革英语","文革英语"的水平就必须大众化,得让很多人都能读懂学会。这个目的含有两层意思,一是做到"文革英语"在社会上的普及,让大家在了解"文革英语"内容的基础上接纳高校英语教师,从而建构他们的政治形象;二是在"大众化"的过程中,与受教育程度相对较低的"红五类"建立联系,以便明确自己的阶级立场,向"红五类"靠拢。因此,"文革英语"不仅可以建构政治形象,还可以建构阶级立场。"文革英语"对高校英语教师的阶级身份的建构,也是通过词汇和语句两个层面的变异进行的。

二 词汇变异与阶级立场建构

"文革英语"在词汇方面对阶级立场的建构,主要表现在把与"红五类"、"黑五类"等有关的、能表明阶级身份的词汇体现在教材中。通过在教学和日常生活中对这些词汇的反复使用和引用,让人们认识到他们在有意识地和"黑五类"决裂,向"红五类"靠拢。

---

① 陈长峰:《"文革"时期普通知识分子的抗争述论》,《传承》2008年第14期。

语言变异建构社会身份

详见下表：

英语	汉语	英语	汉语	英语	汉语
Worker	工人	Factory	工厂	Militia	民兵
Peasant	农民	School	学校	Liberation	解放
Parade	游行	Hardworking	勤劳	Movement	运动
Commune	公社	Revolutionary	革命者	Invader	侵略者
Pioneer	先锋	Revolution	革命	Battle	战斗
Student	学生	Fight	斗争	Uprisings	起义
Monitor	班长	League	团	Army	军队
Slogan	标语	Secretary	书记	Communist	共产主义的
Party	党	Steel works	钢铁厂	Harvest	收割
Patch	补	Socialist	社会主义的	Construction	建设
Labor	劳动	Physical	体力的	Chairman Mao	毛主席
Red Flag	红旗	Wallpaper	墙报	Announcement	通知
Current Affairs	时事	Political	政治的	Practical	实践的
Party's History	党史	National Day	国庆节	Stalin	斯大林
Lenin	列宁	Great Leader	伟大领袖	Class	阶级
Inspiring	鼓舞人心的	Weapon	武器	Struggle	斗争
Example	榜样	Countryside	乡下	Red Star	红星
Field	田野	Village	村庄	Fall Behind	落后
Go all out	鼓足干劲	Socialism	社会主义	Co-op	合作社
Guerilla	游击队	Headquarters	司令部	Rostrum	主席台
Review	检阅	Monument	纪念碑	Heroic	英雄的
Front	前线	Staunch	坚强的	Happiness	幸福
The Long March	长征	Shovel	锹	Construction Site	工地
Instructor	指导员	Victory	胜利	Capitalism	资本主义
Furnace	熔炉	The General Line	总路线	Model worker	模范工人
People	人民	Ordinary	普通	Comrade	同志的

上面表格所列词汇与工人、农民、解放军联系紧密，这些词汇出现在高校英语教师的教学活动和日常生活中，表明了高校英语教师为了寻求社会力量的支持和社会各界的承认，决心把自己与工人、农民和解放军相结

合，建构自己阶级立场的愿望。

三 语句变异与阶级立场建构

语句是由词汇组成的。只要把与工人、农民和解放军相关的词汇频繁地组织在语句当中，就可以建构阶级立场了。而且，与词汇意义相比较，语句毕竟是词汇意义的集合体现。所以从整体的意义来看，语句在建构阶级立场的过程中，比词汇的作用更明显、效果更突出。"文革英语"在语句变异方面对高校英语教师阶级立场的建构方法也和词汇变异的建构方法相似：在"语言层次大众化"策略的指导下，以推广"文革英语"为途径，在语言上表现"红五类"的内容，建构自己的阶级立场。

详见下表：

1. They finished one assignment after another, and their work was excellent from beginning to end. （lesson 7）	他们完成了一个又一个任务，他们的工作自始至终都很优秀。
2. It was just beginning t get light when we got up. （lesson 8）	天刚亮我们就起床了。
3. More deeply than ever before, I realized how much we all owe to the party. （lesson 1）	比以前任何时候的感悟都要深刻，我意识到我们欠党的太多了。
4. Healthy and happy, they are going all out to build socialism. （lesson 22）	他们健康幸福，正在全心全意地建设社会主义。
5. Under the leadership of the Party and Chairman Mao Tse-tung, the 650 million people of China are forging ahead to new goals and still greater victories. （lesson 3）	在中国共产党和毛主席的领导下，6亿5千万中国人民团结一心，奔向新的目标和更大胜利。
6. In our great land of socialism, millions of ordinary men and women are working selflessly to wipe out poverty and backwardness, and build our motherland into a strong and prosperous socialist country. （lesson 9）	在我们伟大的社会主义大地上，数百万普通群众都在为摆脱贫穷和落后而无私地工作着，要把我们的祖国建设成为一个强大而繁荣的社会主义国家。
7. Healthy and happy, they are going all out to build socialism. （lesson 22）	他们健康幸福，正在全心全意地建设社会主义。

续表

8. Dear folk: we are Red Army men fighting the white troops. We have eaten your potatoes. Please accept these five dollars with our thanks. (lesson 1)	亲爱的乡亲们，我们是和白军战斗的红军，我们吃了你们的地瓜，请收下这五块钱和我们的感谢。
9. The nation was called on to give all–out support to agriculture. (lesson 6)	号召全国人民全力支持农业。
10. Old people are well looked after by the people's commune. (lesson 6)	老年人在人民公社得到了良好的照顾。
11. We are only ordinary workers, you are our leader, comrade. We'll work under you. (lesson 7)	我们只是普通工人，你是我们的领导，同志。我们在你指导下工作。
12. What a shining example they set to the people of the whole country! (lesson 7)	他们为全国人民树立了多么光辉的榜样啊！
13. Everything has changed since liberation. The people, led by the Party, have got rid of the mud and dirt. (Lesson 22)	新中国成立后一切都变了。广大人民在党的领导下，从泥土中解放了出来。
14. What tremendous advances we have made on all fronts in the short years since liberation! (lesson 8)	在新中国成立后短暂的几年里，我们在各条战线取得了多么巨大的进步啊！
15. We must train ourselves to be fine builders of socialism. (lesson 6)	我们必须把我们培养成社会主义的优秀建设者。
16. We think China will succeed here. These questions are being discussed not only by Party Members, but by the rank and file in the communes, in the factories and the offices. The students discuss the same questions. (lesson 12)	我们认为中国能够成功。这些问题不仅在党内得到讨论，在农村、工厂、办公室都得到讨论，学生们也讨论同样的问题。
17. My heart was filled with gratitude to the Party and to the heroic working men and women who had made all this possible. (lesson 8)	我的心中充满感激，感谢党，感谢那些把这些变成现实的英雄的劳动人民。
18. There was enthusiasm and excitement every where, and happiness shone on every face. As we passed through Tian an Men square and saw our Party and government leaders waving to us, we burst into loud cheers. (lesson 8)	到处都是欢乐和激动人心的场面，人们的脸上洋溢着幸福。当我们走过天安门广场时，看到党和国家领导人在对我们招手，我们激动得欢呼起来。

古斯塔夫·勒庞指出:"从社会心理学看,每个个体均有社会集群倾向,即团体归属感。尤其在社会动荡时期更为迫切,有的为了寻求力量支持,寻求社会承认,有的人则是寻求心理上的安全感,在某种程度上缓解或摆脱恐惧、孤独、被歧视甚至被迫害,具有更强烈的集群心理。人多势众的原则似乎成了唯一的历史原则。心理的需求转化成组织行为,个人只有结合成组织,希望在组织中以求得保护和发展。"①

上面表格中列举的语句,内容都是围绕着党、国家、工人和农民等方面表达出来的。它们展示了高校英语教师在创造这些"文革英语"语句时的思想境界,向当时社会的主要力量和群体表明了他们要明确阶级立场,加入革命群体,摆脱现有处境而作出的努力。这些经过深思熟虑的语句,表述了他们的革命意向,建构了他们的积极投身革命的阶级立场。

在访谈过程中,几乎所有被访谈对象都认为,个人在"文革"时期的阶级身份是一个相当敏感的话题。其中一部分人在"文革"中曾经因为阶级身份问题受过冲击,所以对这个问题的反应比较强烈。

访谈材料:

"当时的阶级身份实在是太重要了。那个时候把出身看得很重,你是啥出身就属于啥阶级。当时最好的阶级是工农兵,除了他们都是改造对象。那些老师要想改变身份就得好好表现,政治上积极点儿,平时少说点儿话,多干点儿活。跟造反派的关系搞的近乎点儿。最倒霉的就是那些没有好出身的老师,每次开批斗会他们都得认罪。你说他的出身问题也不是他本人能决定得了的啊,可是没办法,赶上那个社会了。反正批斗的次数多了,他们也说不出来什么了,都是那几句套话。后来看他们实在也没什么好再交代的了,也就算了。"(jlu2008AYH)

"那时候英语基本没什么用了。不过也不是全没有用,有一段时间还真起作用,就是背毛主席语录那时。英语系的师生也在背,后来不知道是谁发明的,说背英语的毛主席语录,可以学习和政治都不耽误。还真就得

---

① 古斯塔夫·勒庞:《乌合之众——大众心理研究》,冯克利译,中央编译出版社,2000,第9页。

到默许了。结果是老师也背,学生也背,挺热闹。其实背那东西没什么实际用途,但是有作用。到后来闹着要停课的时候,你要是能用英语背毛主席语录,说明你是又红又专的人才,就马上可以成为造反派眼里的红人儿。要是不行,或者连汉语的都背不下来,那就惨了。那些能背的,哎呀,我可佩服他们了。那嘴里简直就像有一挺机枪一样,一口气能背差不多半个小时,而且还不重样。大伙佩服啊,鼓掌啊。还搞比赛,看谁背的厉害,谁背的厉害谁就是最革命的。我当时也背了不少呢,不过现在都忘差不多了。"(ccp2009ZDC)

"怎么办?表现啊,当时最好的办法,对外语系的学生来说,就是说革命英语。就是看社会上流行哪些词儿、哪些话,把它们用英语说出来,那就是革命英语。说多了,你就厉害了,就是改造好的了。现在回想起来,那时候背的那玩意儿就不叫英语。就看他们一个个嘴里哇啦哇啦地背,也听不出来个个数。背的那些单词啊句子的,也用不上。那时候也没地方用英语啊。其实就是个标志,你说的都是革命的英语,你就是革命派。英语也不是交流工具了,纯粹就是个标签"(jut2009LYB)

阶级和阶级立场一直都是很模糊的概念。阶级的概念是马克思主义理论的核心概念,但在马克思绝大部分的著作中,他并没有给阶级的概念作出规范的定义。"马克思在《资本论》第三卷最后一章中表明要对阶级的概念进行详细的阐述,并把标题定为'阶级',但文字仅仅进行了一页就停止了。对于那些在文本中寻求马克思对理论问题权威回答的人来说,这是一个永久性的挫折"。① 因此,"文革"期间定性阶级和阶级身份的随意性就不值得大惊小怪了。阶级和阶级身份不确定,使得判定这两个概念的标准也很随意,很多时候单凭一个人说的话就可以确定其属于哪个阶级。在访谈中说到的"政治上积极点儿,平时少说点儿话,多干点儿活。跟造反派的关系搞的近乎点儿",还有"你要是能用英语背毛主席语录,说明你是又红又专的人才,就马上可以成为造反派眼里的红人儿",还可以这样理解:说革命英语,你就是革命人民;就可以加入到革命行列中来。一

---

① 吴清军:《从学理层面重新审视阶级的概念与理论》,《社会》2008年第4期。

语道破天机:"文革英语"在当时确实能建构一个人的阶级立场。

"文革"时期发生过这样一个真实故事,① 可以进一步说明"文革语言"对阶级立场的建构作用。

参考资料:

"文革"期间,在中国的许多外国专家和留学生也像中国人一样,搞起了"大辩论"和"大字报"等活动。当时在北京工作的四位美国专家阳早、史克、寒春、汤普金森就是其中的杰出代表,1966 年 8 月 29 日,他们共同写出了一篇咄咄逼人的大字报,题为《为什么在世界革命心脏工作的外国人被推上修正主义道路???》。在这篇大字报中,他们"控诉"自己受到了所谓的"五无、二有"的待遇,即没有体力劳动,没有思想改造,没有接触工农的机会,不搞阶级斗争,不搞生产斗争和有特高生活待遇、有各方面的特殊化。他们把给予他们这种特殊待遇的人斥责为"牛鬼蛇神",并质问"这种待遇是什么思想支配的?"。他们对这种思想进行了严肃批判,认为这是"赫鲁晓夫的思想,是修正主义的思想,是剥削阶级的思想!"。为了与当时的中国人享有同样的待遇,他们共提出了包括"生活待遇和同级的中国工作人员一样"以及"取消特殊化"等九项要求。并振臂高呼"伟大的无产阶级文化大革命万岁!"。

这篇大字报中采用的火辣辣的"文革语言"风格,和无数中国人的作品没有什么区别。毛泽东在十天后对四位美国专家大字报作了批示:"我同意这张大字报,外国革命专家及其孩子,要同中国人完全一样,不许两样,请你们讨论一下,凡自愿的,一律同意作。如何请酌定。"这篇大字报的四位作者中,阳早和寒春是夫妇。阳早 1946 年就来到中国,是一个决心改变中国农业落后面貌的美国农学家。寒春最初在美国从事核物理研究,参加过美国第一颗原子弹的研制工作。她在芝加哥核物理研究所攻读博士学位时,与华侨科学家杨振宁在同一研究小组。为了爱情和理想,寒春在 1948 年追随阳早来到中国,为中国农牧业机械化辛勤地工作。他们夫妻二人到过中国很多地方,其中有延安、黄土高原、内蒙古大草原、西安

---

① 见《党史文苑》2005.2,参加"文革"的外国人。

草滩、北京郊区农场等。就是这样浪漫而淳朴的外国专家,在"文革"期间凭着一张充满"文革语言"的大字报,建构了自己的阶级立场,甚至经由毛泽东的批准,加入了革命阶级。

第三节　思想觉悟建构

意大利思想家 G. B. 维柯在《新科学》一书中谈到,语言的公共性是指社会全体成员能够理解和接受的语法规则和词汇,用来表达个人思想,与他人顺利沟通的属性。语言的思想个性是指任何一个民族的语言都不是僵化不变的,都具有丰富的创造性。这种创造性使得人们能够创造性地使用语言,个性地表达思想的属性。"文革英语"对思想觉悟的建构,缘于"文革"时期人们对毛泽东的盲目崇拜。这种盲目崇拜在行动上表现为激动的言辞和感性的冲动,这就是语言的思想个性的强烈表现。

一　思想觉悟建构的特殊性

美国社会学家 Peter Ludwig Berger 对语言进行建构活动的过程作了明确归纳,他提出,语言一旦成为社会的习惯,就会影响人们的思维方式,因为语言并不是中性的,而是承载着社会价值观。他把语言的社会建构分为三个过程:过程之一是把思想编成语言代码的过程,即将个人的思想、感情、记忆等在大脑中转换成语言代码。过程之二是人的知识体系借助于语言代码而客观化的过程,即通过语言这一媒体使人的知识体系成为社会习惯。过程之三是社会的思想、观念、情感通过语言在人们的大脑中内化的过程。[1]

"文革英语"对高校英语教师思想觉悟的建构,与对政治形象和阶级立场的建构不同。后者可以通过对语言变异现象的反复陈述并形成直观印象的方法使社会承认其存在,而思想觉悟反映的是人们灵魂深处的东西,仅凭对词汇和语句的反复使用而形成的直观印象,不可能让社会承认高校英语教师具备了深刻的、革命的思想觉悟。必须有更深层次的语言变异现象,才能反映出高校英语教师当时的"革命"思想觉悟,并在社会上得到

---

[1] Peter Ludwig Berger(波士顿大学),1972,The Social Construction of Reality。

承认。

本书第六章"文革英语的语言变异表现"中列举了四种"文革英语"的语言变异现象：词汇变异、语句变异、语调变异和语篇变异。其中前三种语言变异现象都在建构政治形象和阶级立场过程中起到了重要作用，唯独语篇变异现象没有被提及。原因就是语篇变异与前三种变异现象相比，属于更深层次的语言变异现象。

语篇的形成过程是一个深思熟虑的过程。从语言形式上看，词汇由零散的单词组成，每个单词的变异都可以是临时性的；语句由若干单词组合而成，因为语句的语言组织过程很短暂，每个人都可以脱口说出几个语句，因此语句变异可以是随机性的。与词汇和语句相比较，段落的形成需要一个更长时间的语言组织过程。一个段落从开始酝酿到最终形成，不仅需要经过对若干语句的语言组织过程，而且需要把这些语句进行逻辑处理，使之产生合理的意义。这个过程需要语言使用者对所要表达的意思进行缜密思考，最终形成文字。

在用"文革英语"来组织英语课文的段落过程中，从单句的思考到语句之间的逻辑连接，都需要语言使用者在思想觉悟上产生足够的语言思维活动。在这种思维活动中，"文革英语"的语言变异内容起到了潜移默化的影响作用。高校英语教师开始琢磨如何把"文革英语"运用到教学内容之中，并通过具体途径使之得到推广，最终达到建构自己身份的目的。

例如，"文革英语"的语篇变异在许国璋《英语》中表现为"对当时出现的歌颂毛主席和共产党，歌颂社会主义新生活的文章照译不误。在选编国外英语材料的时候，凡是有关社会主义国家领袖的故事都予以采纳，那些反映第三世界国家争取独立和解放斗争的故事也在选取范围之内"。在这些课文的编写过程中，凝聚了参与编写的高校英语教师的整个思维过程，体现了高校英语教师思想观念发生转变的结果。

高校英语教师的思想觉悟就是在这种深层次的语言变异中形成，并在语篇中得以体现，最终以社会的接纳和承认为目的完成了建构过程。"文革英语"在段落方面出现的语言变异现象，是形成高校英语教师身份建构意识的开始。由段落到篇章这个变异的扩张过程，正是高校英语教师建构思想觉悟的形成过程。

语篇的使用过程是一个理解和传播的过程。"文革英语"的语篇变异形成之后，主要由高校英语教师在英语教学中进行理解和传播。高校英语教师在上课之前必须先备课。备课的过程包括了解课文背景、理解课文内容、发现课文难点、分析段落大意、推敲段落逻辑、归纳中心思想，总结学习心得等。在课堂的讲授中还要做到翻译、讲解、注释、发挥、启发和演练等方法的随时应用。可以说，对课文语篇理解最完整、认识最透彻、领会最全面的就是高校英语教师。在语篇的整个编、讲、练的过程中，高校英语教师在"文革英语"各方面因素的不断熏陶和连续灌输下，思想觉悟发生了质的转变。由原来对"文革语言"的被动接受者变成了"文革英语"的创造和传播者。其"革命"的思想觉悟在这个过程中被建构起来了。

二 思想觉悟建构的语言变异表现

通过"文革英语"得以建构的高校英语教师的思想觉悟，在"文革"社会中表现为高校英语教师高度的精神和行为自觉。由于具备了这种精神自觉，高校英语教师已经形成了对"文革"政治的正面认识，他们对"文革"的态度也从被动地接受转变为主动传播。

从许国璋《英语》中，可以看出这种思想觉悟的转变。以许国璋《英语》第三册为例，该册总共有十六篇课文，其中除了第四课"盲人摸象"、第十课"我们的地球"和第十六课"鲁宾逊漂流记（节选）"之外，其余十三篇课文都是反映"文革"时代政治倾向的文章或者节选。这十三篇课文的语篇变异内容，都是经过高校英语教师反复思考、斟酌和筛选之后出现在"文革英语"的教材之中，并经由高校英语教师在课堂教学活动中进行传播。它反映了高校英语教师头脑中思想觉悟的转变，充分展示了语篇变异对其思想觉悟的建构作用。

第一课：A SWEET POTATO PLOT（一片红薯地）

内容概述：一群红军战士被国民党军队包围在一座山上几天几夜，红军战士给养中断，不得不靠采摘野果充饥。一天在寻找食物的过程中，一名红军战士偶然发现了一片红薯地，并从地里挖出了红薯。围绕着如何处理这些红薯，红军战士展开了争论。最后在政委的指导下大家挖出了红薯，补充了粮食。战斗结束后，红薯主人到山上找红薯，从地里挖出一包银元，是红军战士留下的买红薯钱。文章歌颂了中国共产党领导下的红军，赞扬了他们铁的纪律和对人民大众的深厚感情。

第二课：GOLDEN TRUMPETS（金色的小号）

内容概述：一个美国记者去一个叫亚普亚普的地方采访，当地头人称他们的人民享有高度的民主。在一次决定重要事项的会议上，这位美国记者见到了亚普亚普所谓的民主表决方式——吹金色的小号，号声响亮的一方具有事务的决定权。但是，由于贫富差异悬殊，只有富人才买得起金色的小号，所以只有富人一方才有号声，事务也就只能由富人决定。美国记者立即痛斥这种所谓的民主，头人反问在美国如何表达公众意见，记者说通过报纸、杂志和新闻媒体。头人又问这些媒体都掌握在谁的手里，记者说在富人手里，头人马上断定美国的民主和亚普亚普的民主一样。文章讽刺了美国民主的虚伪。

第三课：CHINA（中国）

内容概述：文章通过对中国的自然条件、历史缘由和社会发展的概括性描述来激发读者的爱国热情，号召中国人民在中国共产党的领导下努力建设社会主义国家。

第五课：OLIVER WANTS MORE（奥利弗想多要一点）

内容概述：文章节选自英国小说《雾都孤儿》，作者通过主人公奥利弗·退斯特在工厂做童工时的悲惨境遇，揭示了万恶的、吃人的资本主义制度的本性，使读者认识到生活在社会主义制度国家的人民无比幸福，因此要倍加珍惜这种来之不易的美好生活。

第六课：THE STUDY OF ENGLISH（英语学习）

内容概述：文章阐述了作者学习英语的目的是了解我们国家以外发生的事情，是为了帮助其他国家的受压迫人们为争取自由和幸福而进行斗争。英语在这里显然成了政治斗争的一门重要武器。

第七课：LENIN IN LONDON（列宁在伦敦）

内容概述：通过革命领袖列宁年轻时候在伦敦的留学经历，揭露了资本主义制度下人民生活的不平等，同时通过他的思想经历鼓舞读者立下雄心壮志，推翻万恶的资本主义制度，建立伟大的社会主义制度。

第八课：THE LAST LETTER OF PATRICE LUMUMBA（帕特里克·卢

蒙巴的最后书信）

内容概述：这是刚果独立运动领袖帕特里克·卢蒙巴就义之前写给妻子的信，信的内容与真实原文有出入。文章通过作者给妻子写的信来表明他对殖民主义者的仇恨和对自己祖国和人民的热爱。字里行间的革命斗志和高尚情怀感动着读者，为全世界热爱独立和和平的人民树立了光辉的典范和榜样，鼓舞着全世界在殖民主义者压迫下的革命人民起来斗争。

第九课：A DOCTOR SENT BY CHAIRMAN MAO（毛主席派来的医生）

内容概述：一个年轻的医生，只身一人来到西藏，为当地的贫苦牧民送医送药，治疗疾病。他高尚的政治觉悟和深厚的阶级感情使得藏族人民对他产生了极大信任，他最终以自己的崇高奉献精神给党和毛主席在藏族人民心中树立了光辉形象，为党的民族工作做出了巨大贡献。他的成功是对党的民族政策的歌颂，也是对时代的赞美。

第十一课：THE GREAT HALL OF THE PEOPLE—A FOREIGN VISITOR'S IMPRESSIONS OF PEKING（人民大会堂——一个外国参观者对北京的印象）

内容概述：伦敦《新编年》记者詹姆斯·卡梅隆的北京印象。1958年，为了庆祝建国十周年，党中央决定在北京开始建设十大建筑，人民大会堂就是其中之一。作者通过对这座建筑物的描述，赞美了新中国人民的革命热情和建设速度，对新中国建设工人的施工速度深感钦佩，同时也对工程的科技含量之高给予了高度肯定。文章从一个侧面歌颂了伟大的社会主义建设和发展，对读者心中的爱国热情和投入心理发出来召唤。

第十二课：TO CHINA AT NINETY（90岁写给中国）

内容概述：两个外国人应周恩来总理的邀请于五年之后再次访华，此后的通信中对社会主义中国的建设和日新月异的发展倍加赞美。文章通过外国人的描述，让读者领略到了北京在建国之后发生的巨大变化，极大地激发了读者建设祖国的热情，也激起了读者对自己祖国的无比自豪之情。

第十三课：THE COP AND THE ANTHEM（警察与赞美诗）

内容概述：一个无家可归的、贫穷的美国青年，在寒冷的冬季到来之前为了找个温暖之所，不得不故意犯罪以求坐牢。但是他费尽心机想了种种办法，居然都没有获得成功。就在他感到机关算尽，黔驴技穷的时候，却意外地被警察以预谋抢劫教堂为名判三个月监禁。美国作家欧·亨利的这篇文章鞭笞了资本主义社会虚伪的司法制度,对广大劳动人民给予了深度的同情。

第十四、十五课:THE FINANCIERS(理财者)

内容概述:文章描述了一对英国的年轻夫妇,由于连续失业而没有收入,最终陷入重重债务之中。读者在阅读这篇课文时还会发现,在资本主义国家,穷人还要缴纳穷困税。文章通过对这对夫妇所面临的各种生活艰难的介绍向读者展示了在资本主义制度下劳动人民水深火热的生活,让读者对资本主义制度感到绝望的同时产生对劳动人民的同情和对资产阶级的仇恨。同时大大加强了对伟大的社会主义制度的热爱和歌颂。

美国波士顿大学社会学家 Peter Ludwig Berger 在他的 The Social Construction of Reality 中提出,"语言对意识形态的建构过程,就是社会的思想、观念、情感通过语言在人们的大脑中内化的过程。这个过程也就是把人的主观意识以语言符号的形式刻录在思维记忆中,成为把握思维导向,引领价值导向和判断能力的过程",[①] 这里突出强调了语言对思想觉悟的建构作用。

在阅读许国璋英语教材的过程中,一种浓烈的"文革"政治氛围会始终体现在字里行间。其强大的政治感染力和时代召唤力在整套教材贯彻始终,人们当时的思想倾向、政治思潮和价值取向跃然纸上。在一课接着一课的政治话语熏陶下,一种强大的思想觉悟建构过程在教材中全面展开。

在这个过程中,人们在"文革"时代的精神面貌、心灵所想与行为动力都感染并同化着语篇变异的接受者。由于整个英语教学过程都处于这种语篇变异的影响下,高校英语教师在语言、行为和思想上都发生了颠覆性的变化。"文革英语"不仅建构了高校英语教师的思想觉悟,而且使他们在这种思想觉悟的建构中产生了精神自觉,从受到"文革"思潮影响转变为接受"文革"思潮,进而成为"文革"思潮的传播者。

在专制的长期压迫下,中国知识分子发展出一种不正常的人格,多数知识分子不但逐渐丧失自信自尊,而且滋长了一种自疑自罪的潜意识,即

[①] Peter Ludwig Berger(波士顿大学),The Social Construction of Reality,1972。

"知识分子的原罪意识"。① 这种不正常的心态持续到"文革"时期，就表现为知识分子的精神自觉。这种精神自觉，不是指知识分子意识形态在盲目跟从中实现了自我觉醒，从而起来为坚持真理与现实抗争。它真正的含义是在经过长时间的盲目跟从之后，知识分子在意识形态上已经完全接受了"文革"时期的革命思潮，并开始自觉地与自己原来的知识分子形象决裂，在精神上和意识形态上主动把自己改造成符合时代要求的角色。换句话说，他们身上带有的自疑自罪的"原罪意识"开始发生作用，知识分子由原来的被怀疑和被改造的对象逐步演变成了自我改造，主动与工农大众相结合的"革命知识分子"了。

高校英语教师通过"文革英语"的语篇变异形式，向整个社会展示了一个改头换面的知识分子形象，说明他们不仅在政治上追求进步，在阶级立场上靠近"革命人民"，而且在思想觉悟上也发生了脱胎换骨的变化，成为具有"革命自觉性"的知识分子。

访谈记录：

"自觉？我们那时候管自觉叫积极，就是一有啥事了就看谁表现的积极。比如说要到冬天了，学校要糊窗户缝，就号召大家从家里带白面打糨子。你知道那时候白面多难买啊，每家每户都是定量供应的。可是大伙都带不少，有的实在家里没有白面，也包点苞米面拿来。那糨子一打就是一大盆啊，然后就是找报纸裁纸条，都争着抢着干，积极嘛！要说积极，那时候是没比的。谁都想尽各种办法让自己积极一点儿，比如主动帮助别人打扫教室啊，帮老师擦黑板啊之类的，都抢着干。"（jlu2008LXH）

"我们的老师那时候还是真有觉悟，比如说在会上发个言之类的，都说的可像样了。他们理论水平高啊，成天研究理论，水平能不高吗？课本里有的是'文革'内容，背下来几篇你就有东西说了。但是我觉得那时候人们就是像给洗脑了似的，不是装出来的，我们那会儿叫显积极。是真积极，是发自内心的，就是想做好事。我那会儿也有那种想法，觉得别人都在为你做好事，你要是不给别人做好事就落后了，就是资产阶级，所以也

---

① 见《知识分子》1984年10月刊，秋季号，第37页。

找机会做。你说也怪,那时候教室前面挂的毛主席像,其实就是一张纸呗,可是我们都像信教一样对待它,就好像他天天都在那儿看着我们,我们做啥事儿都是给他看的,都是为了他才做的。"(nenu2008QSF)

"后来我们有几个老师改造好了,又让上讲台了。哎呀,那可是和以前不一样了。英语里面那些革命内容都很熟练,不像以前了,一点都不积极。而且从说话的腔调看都不一样了,说的全是对毛主席和党的感谢啊。而且是发自内心的,不是装的。能看出来,思想觉悟太不一样了。不光教学,还领着我们上农村干活,向贫下中农学习呢。我就记得有一次是给茄子地除草,他们一边和我们干活一边告诉我们茄子、辣椒、白菜这些东西的英语词儿。当时那些老农也跟着学,很滑稽。挺有意思的,我现在还记着那些词儿呢。"(jlu2008BGS)

关于社会身份,本书第二章作了如下阐述:人的社会身份具有两方面明显的特征,第一,身份可以明确所归属的社会群体。通过身份所拥有的群体特征,身份拥有者既可以向某个社会群体表明其与该群体的类同,又可以为某个社会群体所拉拢或者归并。第二,身份可以标识其与其他社会群体的区别。身份拥有者可以凭借自己的身份显明与某个社会群体的不同属性,达到离开该群体的目的。还可以因为拥有与某个群体不同的属性而遭到该群体的驱逐。这两个特征说明身份具有在社会行为过程中的典型标识作用。

在使用"文革语言"的过程中,高校英语教师的身份和地位得到了社会的接受和认可。这个结果使他们意识到,接受和运用"文革语言"这种语言变异现象,不仅能够帮助他们摆脱"文革"爆发所带来的厄运,而且可以建构他们在社会中的新身份。因此,他们开始有意识地在英语教学中使用"文革英语"的词汇、语句和语调,并逐渐地由被动接受"文革语言"过渡到积极参与"文革英语"的累积和外化。在这个转变过程中,高校英语教师由被动化为主动,由被迫接受转化为主动参与。通过使用"文革英语",高校英语教师建构了自己的政治形象、阶级立场和思想觉悟,从而为"文革"社会所接受,重新融入当时的社会潮流。

奥纳夫认为,"语言既是再现性的,也是实施性的。人们使用语言代表行动，还使用语言实施行动"。他认为语言不仅可以描述和再现社会现实，还可以建构社会现实，"确切地说，语言在创造着世界。"①"文革英语"建构了高校英语教师归属"文革"社会的身份特征，拯救了他们沦落的身份。在该过程中，词汇变异累积了身份建构过程的底蕴，语句和语调变异把"文革英语"的内容外化，使语言变异现象成为有声可循、有物可视、有话可说的具体内容。从词汇变异到语句和语调变异，"文革英语"经历了一个从无到有、由里及外的衍生过程。而语篇变异的出现，更说明高校英语教师已经在思想觉悟中形成了高度的精神自觉。随着越来越多的"文革语言"进入高校英语教师的语言生活，他们开始接受并使用"文革语言"。

---

① Ibid, Nicolas Onuf, World of Our Making, p. 82.

第八章
对语言变异建构社会身份功能的反思

费尔克劳夫在《批判话语分析》一书中认为："拥有话语权势的社会机构在制定话语规范和生活话语的过程中，通过对人们意识形态的控制，使人潜移默化地接受并遵守话语规范。但是，作为具有主观想象能力的社会生活主体，人既可以遵循话语规范，又会有意识地背弃话语规范，并以此作为建构和彰显自己社会身份的形式。"正确地发挥语言变异对社会身份的建构功能，既要求遵循语言民主化和语言技术化的具体方法，又要求刻意避免对身份建构功能的歪曲利用，即负面效应。要做到这一点，就要注意防范在发挥语言的身份建构功能的过程中出现负面效应。

本书前面章节论证了语言变异现象所具有的建构社会身份的作用，通过对比"文革语言"和"文革英语"两种语言变异对身份的建构过程，提出了语言变异建构社会身份的两种途径：被动社会身份建构和主动身份建构。

被动身份建构即语言使用者在被动地接受了已经发生的语言变异现象之后，对自己的社会身份所作出的建构。"文革语言"对语言使用者的社会身份所进行的建构，就是通过使用当时"文革"社会中已经出现的语言变异现象进行的建构，这种建构形式表现出来的是语言使用者对语言变异现象的被动接受。

主动身份建构即语言使用者主观上有意识地创造出语言变异现象，并通过对其使用来实现自己的身份建构。"文革英语"的语言变异现象，就是高校英语教师为建构自己的社会身份创造出来的。高校英语教师通过在教学活动中对"文革英语"的使用，建构了自己的"革命"身份，在

"文革"潮流中得以生存。无论是"文革语言"中被动地接受语言变异，还是"文革英语"中主动地创造语言变异，都能够建构语言使用者符合社会要求的身份。

从语言变异的种类分析，主动建构功能可以归结为有意识的语言变异现象；被动建构功能则应该归结为无意识的变异现象。发挥语言变异的被动身份建构功能，就是利用社会上现存的语言变异现象实施身份建构；而发挥语言变异的主动建构功能，就是通过人为制造语言变异来实施身份建构。但是社会和人的复杂性恰恰在发挥语言变异的主动建构功能的过程中体现出来了负面效应——利用语言变异的建构功能建构了欺骗别人、欺骗社会的虚假身份。

第一节　可能出现的负面效应之一——无中生有

无中生有，指本来没有却硬说有。现形容凭空捏造。一般包含三个方面：第一，凭空捏造。把不存在的东西说成事实，达到陷害他人，为自己谋得利益的目的。第二，以假代真。把假的装扮成真的，化假为真，以此招摇撞骗，捞取好处。第三，无事生非。在平静、无纷争的情况下，利用虚假的情报制造谣言和混乱，然后乘虚而入，乱中得利。

无中生有与实事求是和光明磊落形成鲜明的对照，为一切正派人士所不齿。但在军事、政治和外交斗争中，无中生有则是任何一方均可使用的双刃剑，舞得好可以置对方于死地，舞得不好则会伤及自己。无中生有作为一种计谋，不仅在军事上经常被运用，而且在政治上也常被用来制造对方内部的矛盾、挑拨离间。对于现实社会中的人们来讲，要警惕有人利用语言变异的建构功能来无中生有地弄虚作假、欺世盗名，甚至制造冤案，陷害好人，达到混淆视听，颠倒黑白的目的，制造社会混乱。

参考典故：

（1）三人成虎

魏国大夫庞恭和魏国太子定于某日启程，一起去赵国都城邯郸做人质。临行前庞恭向魏王提出一个问题："大王，如果有一个人对您说，他在熙熙攘攘的闹市中看到一只老虎,您能相信吗?"魏王说:"我当然不信。"庞恭又问:"如果有两个人对您说有老虎呢?"魏王说:"那我还是不信。"庞恭紧接着又问道:"如果有三个人都和您说亲眼看见了闹市中有老虎,您还不相信吗?"魏王说:"既然这么多人都说看见了老虎,那就肯定确有其事,所以我不能不信。"庞恭听后深有感触:"问题就出在这里!众所周知,老虎是不敢闯入闹市之中的。可是如果君王不深入调查,只凭三人说有虎即相信有虎,那么等我到了邯郸之后,您身边有三个或更多的人说我的坏话,您不就会断言我是坏人吗?我在临别之前向您说出这些,就是希望君王不要轻信人言。"庞恭走后,一些对他心怀不满的人果然开始在魏王面前说他的坏话。尽管庞恭有话在先,可是时间一长,魏王竟也听信了谗言。结果庞恭回国后,魏王就不愿意见他了。

(2) 指鹿为马

秦始皇在外地巡视中不幸病死,他身边只有小儿子胡亥。太子扶苏正在北方边境与蒙恬一起防御北方匈奴入侵,未能及时接受遗诏。丞相李斯与宦官赵高合谋伪造了两份诏书,一是说传皇位给次子胡亥,二是说将扶苏、蒙恬赐死。后来,扶苏、蒙恬接受伪诏书后都自杀了。

胡亥本是懦弱无能的昏庸之徒,又因年纪小没有经验,以致完全受制于赵高。赵高势力越来越大,但是还惧怕李斯的力量。索性在秦二世第二年就诬陷李斯通匪。胡亥信以为真,就将李斯腰斩并诛灭了九族。这本是"无中生有"的罪名,而秦二世胡亥反而感激赵高:"如果没有你,我几乎被李斯所害!"赵高见胡亥如此愚蠢,越发倚仗权势而胡作非为了。

李斯死后,赵高升为宰相,越发统霸天下,总揽国事,杀害异己,无恶不作。秦二世也乐得不问朝政,整日荒淫无度。赵高仍不满足于位其人臣,唯恐群臣因他出身低贱不听他调遣,还想篡夺皇位。于是想出一计以试天下的反应。

有一天,他特意带来了一只鹿献给秦二世,他说:"臣献给皇上一匹马。"胡亥虽然愚蠢,但不至于连鹿与马都分不清,于是,笑着对赵高说:"丞相你弄错了吧?这明明是鹿,你怎么说是马呀?"赵高没有回答。秦二世转问左右的大臣们:"你们说这是鹿呢,还是马呢?"朝臣中许多人畏惧赵高的权势,不敢作声,有的人为了讨好赵高,便说:"这当然是一匹马了。"

"指鹿为马"的故事，原是"无中生有"的弥天大谎，流传至今已两千多年。想起那些专权者，仍然令人胆寒。

(3) 张仪诓楚

战国末期，七雄并立。实际上，秦国兵力最强，楚国地盘最大，齐国地势最好。其余四国都不是他们的对手。当时，齐楚结盟，秦国无法取胜。秦国的相国张仪是个著名谋略家，他向秦王建议，离间齐楚，再分别击之。秦王觉得有理，遂派张仪出使楚国。张仪带着厚礼拜见楚怀王，说秦国愿意把商于之地六百里（今河南淅川、内江一带）送与楚国，只要楚能绝齐之盟。怀王一听，觉得有利可图：一得了地盘，二削弱了齐国，三又可与强秦结盟。于是不顾大臣的反对，痛痛快快地答应了。

怀王派逢侯丑与张仪赴秦，签订条约。二人快到咸阳的时候，张仪假装喝醉酒，从车上掉下来，回家养伤。逢侯丑只得在馆驿住下。过了几天，逢侯丑见不到张仪，只得上书秦王。秦王回信说：既然有约定，寡人当然遵守。但是楚未绝齐，怎能随便签约呢？逢侯丑派人向楚怀王汇报，怀王哪里知道秦国早已设下圈套，立即派人到齐国，大骂齐王，于是齐国绝楚和秦。这时，张仪的"病"也好了，碰到逢侯丑，说："咦，你怎么还没有回国？"逢侯丑说："正要同你一起去见秦王，谈送商于之地一事。"张仪却说："这点小事，不要秦王亲自决定。我当时已说将我的俸邑六里，送给楚王，我说了就成了。"逢侯丑说："你说的是商于六百里！"张仪故作惊讶："哪里的话！秦国土地都是征战所得，岂能随意送人？你们听错了吧！"

逢侯丑无奈，只得回报楚怀王。怀王大怒，发兵攻秦。可是秦齐已经结盟，在两国夹击之下，楚军大败，秦军尽取汉中之地六百里。最后，怀王只得割地求和。

怀王中了张仪无中生有之计，不但没有得到好处，相反却丧失了大片国土。

谣言经过多人重复述说，就能使人信以为真，不存在的事情就会被当成存在的。对语言建构功能的滥用就会导致无中生有，这就是它的负面效应。这种负面效应在"文革语言"和"文革英语"中比比皆是,人们出自对毛泽东的盲目崇拜而形成的"造神运动",就是这种负面效应的典型例证。由于大家无数遍地重复一些个人崇拜的语句,毛泽东这个"神"就被造出来了。

"无中生有"违反了语言的诚意性原则,金立鑫对此做过如下分析:作为组织社会的最主要手段,语言的一个最基本的属性就是"诚实"或"真实"。言语表达的诚实性决定人与人之间的关系。言语交际中失去了语言的诚实性,人与人之间就会失去最起码的信任,言语就无法起到组织社会的效用。诚意原则要求说话人的言语必须真实,假话能够使语言失去应有的效度,其后果是说话人无法持续其以后的话语。"一个社会不应该充斥大量的无效话语,如果一个社会的无效话语达到一定程度,并且为多数人所承认,那么这个社会就会产生信任危机,语言就难以承担起组织社会的作用。"①

第二节 可能出现的负面效应之二——断章取义

断章取义原指不顾及所引文章的原意或指不顾全部谈话的内容,孤立地取其中的一段或一句的意思来表达自己的意见。后来比喻征引别人的文章、言论时,只取与自己意见相合的部分。断章取义用在语言变异对身份的建构上,就是把自己一知半解的东西用在话语之中,或者故意截取某段话中对自己有利的一部分来建构自己的预期身份,以此获得自己在社会中想要得到的地位、利益和权势。

参考资料:有关"断章取义"的一些典故
(1) 对"人尽可夫"的断章取义
"人尽可夫"一般被认为是指"所有的人都可以做她的丈夫。说明女子的作风问题"。但实际上,这只是字面解释,"人尽可夫"本身根本没有奇淫的意思,是后来的夫子理学断章取义,用以戕害女子。

---

① 金立鑫:《关于"文革语言"的反思》,《语文建设》2000年第6期。

这个典故出自《左传》。原文：（郑）厉公四年，祭仲专国政。厉公患之，阴使其婿雍纠欲杀祭仲。纠妻，祭仲女也，知之，谓其母曰："父与夫孰亲？"母曰："父一而已，人尽夫也。"女乃告祭仲，祭仲反杀雍纠，戮之于市。厉公无奈祭何，怒纠曰："谋及妇人，死固宜哉！"这段话的意思是：春秋时期，郑厉公深恨相国祭仲专政，暗命祭仲的女婿雍纠去把其老丈人干掉，就可接任相国的位子。雍纠对老丈人不好，可夫妻感情倒不错。回家后面对老婆有点心虚，被老婆雍姬看出问题，一番逼问，就坦白交代了。雍姬回家问母亲："父与夫孰亲？"母亲说："父一而已，人尽夫也。"父亲只有一个，而丈夫选择的范围就是天下男子了。雍姬随将事情原委告知父亲，祭仲反杀雍纠。厉公逃往别国，祭仲又拥立了郑昭公。

可见，现在的"人尽可夫"已经完全曲解了原来的意思。

（2）对"在错误的时间，错误的地点，与错误的敌人打了一场错误的战争"这句话的断章取义

这句话是美国首任参联会主席、五星上将布莱德利在朝鲜战争结束后说的。原话是："如果我们把战争扩大到中国，那我们就会被卷入错误的时间、错误的地点，与错误的敌人打一场错误的战争。"

我们对这段话的断章取义，目的是通过美国人自己的讲话来向国人证明这样一个情况：美帝国主义侵略朝鲜，而中国人民志愿军则是一举打败了武装到牙齿的美军，取得了一个伟大的胜利。我们是第一个让美国人在没有取得胜利的情况下签署了停战协定，大灭了美帝气焰，大长了人民威风。

（3）对奥斯特洛夫斯基《钢铁是怎样炼成的》的断章取义

"人最宝贵的是生命。生命对于每个人，只有一次。人的一生应当这样渡过：当他回首往事的时候，不因虚度年华而悔恨，也不因碌碌无为而羞愧。这样，在他临死之时，他就能够说：我所有的生命和一切精力，都已献给世界上最壮丽的事业——为人类的解放而斗争。"这段慷慨激昂的话不知在当时那个年代激励了多少年轻人为了"革命事业"献出生命。但原文紧接这段话后面的是："因此，必须赶紧生活，因为不幸的疾病或什么悲惨的意外随时都可以让生命突然结束。"

(4) 对"不存在一个掷色子的上帝"的断章取义

一部正在使用的教材中说:"爱因斯坦反对量子物理学,是因为爱因斯坦认为量子物理学家承认有一个掷色子的上帝存在,不是真正的唯物主义者"。实际上,这句话是针对量子物理说的。量子物理中有一条非常重要的"测不准"原理,它彻底打破了"决定论"的物理学原理。但爱因斯坦恰恰是支持"决定论"的,这与爱因斯坦的宗教信仰有关。虽然爱因斯坦不是一个狂热的信徒,但他始终相信上帝的存在,他信这个上帝不限于基督教的,而是一个万能的造物主。他认为量子力学的"不确定论"就好像是上帝掷色子一样不可相信。

(5) 对"吾生也有涯,而知也无涯"的断章取义

很多老师把"吾生也有涯,而知也无涯"这句话理解为与"书山有路勤为径,学海无涯苦作舟"基本同义,并以此为座右铭勉励学生好好学习。这段话原文如下:"吾生也有涯,而知也无涯。以有涯随无涯,殆已!已而为知者,殆而已矣!"①(人的生命是有限的,而知识却是无限的。以有限的生命去追求无限的知识,势必体乏神伤,既然如此还在不停地追求知识,那可真是十分危险的了。)庄子原文强调的是"以有涯随无涯,殆已!"而非"吾生也有涯,而知也无涯",意在告诫我们不要以有限的生命去追求无限的知识,提倡有选择地学习而非无目的地学习。"吾生也有涯,而知也无涯"要建构的是学生珍惜时光、勤奋学习的身份形象;而庄子这段话的本意是要建构一个懂学习、会学习的学生形象。一些老师在理解这段话时断章取义,不仅误解了庄子的本意,而且误导了学生,使他们因阅读大量无关的书籍而浪费了太多宝贵的时间。

"断章取义"是又一种滥用语言建构功能的负面效应,它违反了言语行为的准确性原则。该原则分为四条准则:第一,可证性准则,话语者的言语必须是可证明的,而且必须具有充足理由。第二,实在性准则,言语必须"言之有物",而不是空洞乏味的。第三,恰当性准则,话语的大小范围、程度高低必须恰如其分,而不是故意夸张。第四,明了性准则,言

---

① 见《庄子·养生主》。

语必须平实明白,而不是曲折隐讳。① "断章取义"是对语言建构功能的歪曲利用,这种做法可以让某些人在某一时期暂时得逞,这种滥用形式一旦泛滥成灾,就会从语言的角度造成整个社会是非混淆、正误难辨的混乱局面,从而人为地制造社会矛盾,阻碍社会向前发展。

第三节 可能出现的负面效应之三——偷梁换柱

偷梁换柱,指用偷换的办法,暗中改换事物的本质和内容,以达到蒙混欺骗的目的。这种做法以达到建构某种预期的身份为目的,把本来无关的事例、话语和行为通过语言表述强行赋予被建构目标,建构预期身份。

在许国璋《英语》第三册中,THE LAST LETTER OF PATRICE LU-MUMBA(帕特里斯·卢蒙巴②的最后来信)中有一个明显的"偷梁换柱"的例子。信件原稿中的一段文字如下:

"But what we wished for our country, its right to an honorable life, to unstained dignity, to independence without restrictions, was never desired by the Belgian imperialists and the Western allies, who found direct and indirect support, both deliberate and unintentional, amongst certain high officials of the United Nations, that organization in which we placed all our trust when we called on its assistance.

这段文字因为提到了与"文革"时代精神不相符合的"有尊严的生活"、"不容玷污的尊严"和"没有限制的独立"等词汇,遭到教材编写者删除。这种做法的目的,就是要在当时处在文化大革命时期的中国人民心中,把帕特里斯·卢蒙巴的身份建构成为一个"无产阶级文化大革命"的国际同盟军。以此让人们相信"文化大革命"的"革命行动"不是孤立的,他们可以在全世界找到战友。

"偷梁换柱"是"文革语言"中的常用手法。"文革"时期人们对共

---

① 译自 J. Austin: How to Do Things with Word. The Claren - Don Press, 1962。
② 帕特里斯·卢蒙巴(Patrice É mery Lumumba, 1925 年 7 月 2 日~1961 年 1 月 17 日),非洲政治家,刚果民主共和国的缔造者之一。刚果民主共和国(今扎伊尔)首任总理(1960),遭殖民当局陷害而被捕入狱。1961 年 1 月 17 日卒于加丹加。

产主义社会的认识就是"一点儿资产阶级因素都没有的社会,人们没有一点儿私心杂念"。① 由于"文革"时期中国的盲目自大和对外封闭,人们对"资产阶级"的理解只局限于感性认识,对资产阶级对人类社会发展所作出的巨大贡献一无所知。今天回头再看这段历史,语言建构功能的滥用在当时确实起到了很大的鼓动作用,它促动了人们内心的狂热,并在这种狂热的驱使下采取了疯狂的行动,社会秩序因此变得混乱不堪,社会进步停滞不前,进入空前的动乱状态。

参考资料:

吕后杀韩信中的偷梁换柱

吕后杀韩信,历史众说纷纭。历史上的是非功过,不是一下子说得清楚的。这里并不想作什么评价,仅用此例,再次说明"偷梁换柱"的计谋,在历史上也往往发挥政治权术作用。

楚汉相争,以刘邦大胜,建立汉朝为结局。这时,各异姓王拥兵自重,是对刘氏天下潜在的威胁。翦灭异姓诸王,是刘邦日夜考虑的大事。异姓诸王中,韩信势力最大。刘邦借口韩信袒护一叛将为由,把他由楚王贬为淮阴侯,调到京城居住,实际上有点"软禁"的味道。韩信功高盖世,忠于刘邦。当年楚汉相争,战斗激烈之时,谋士蒯彻曾建议韩信与刘邦分手,使天下三分。韩信拒绝了蒯彻的建议,辅佐刘邦夺得天下。而今却落得这样的下场,心中怨恨至极。

公元前200年,刘邦派陈豨为代相,统率边兵,对付匈奴。韩信私下里会见陈豨,以自己的遭遇为例,警告陈豨,你虽然拥有重兵,但并不安全,刘邦不会一直信任你,不如乘此机会,带兵反汉,我在京城里接应你。两个人秘密地商量好,决定伺机起事。

公元前197年,陈豨在代郡反汉,自立为代王。刘邦领兵亲自声讨陈豨。韩信与陈豨约定,起事后他在京城诈称奉刘邦密诏,袭击吕后及太子,两面夹击刘邦。可是,韩信的计谋被吕后得知。吕后与丞相陈平设下一计,对付韩信。

---

① 阚和庆:《理性的迷失:红卫兵的行为和心态》,《党史博览》2002年第6期。

吕后派人在京城散布：陈豨已死，皇上得胜，即将凯旋。韩信听到这个消息，又没有见到陈豨派人来联系，心中甚为恐慌。一日，丞相陈平亲自到韩信家中，谎称陈豨已死，叛乱已定，皇上已班师回朝，文武百官都要入朝庆贺，请韩信立即进宫。韩信本来心虚，只得与陈平同车进宫。结果被吕后逮捕，囚系在长乐宫之钟室。半夜时分，韩信被杀。后世称"未央宫斩韩信"。英名盖世的韩信至死也不知道，陈豨已死的消息完全是谎言。陈豨叛乱，是在韩信死了两年之后才平定的。

语言的建构作用是巨大的。在发挥这种建构作用的过程中，不仅要在语言策略和语言内容方面有全局的考虑，而且要尽量避免出现上述负面效应。对语言建构功能的正确发挥，可以使社会形成良好的交际氛围，出现和谐发展的正态趋势。如果不从这一点考虑，语言的建构功能也会被别有用心的人或者社会集团所利用，建构虚假的社会身份，以虚假的语言蛊惑人心，造成更加严重的社会负面效应。

第四节　尊重语言属性，正确使用语言的建构功能

发挥语言的建构功能，既要避免负面效应的发生，又要遵循社会语言行为原则，发挥语言建构功能的正面效应。

社会语言行为原则包含以下几项：

第一，诚意性原则：作为组织社会的最主要手段，语言的一个最基本的属性就是"诚实"或"真实"。言语表达的诚实性决定人与人之间的所有关系。

第二，实施权原则：言语行为实施权的不同取决于社会角色的不同，社会成员都在社会中具有各自相应的社会地位和社会角色。社会角色和言语行为实施权之间的关系是直接的对应关系。

第三，文化对应原则：即文化范式和语言系统的对应关系。不同的文化范式决定社会成员的语言系统归属，不同的文化圈（即所属文化范式）有自己的言语行为方式（即语言系统）。一个文化圈的人进入另一个文化圈，必须遵守所进入文化圈的言语交际原则，否则言语交际就无法实行。

第四，言语平和原则：在一个正常和健康的社会里，多数成员的心态相对平和。虽然可能存在不平和心态，但不应该占社会的多数。平和心态表现为相对应的、平和的言语形式，不平和的心态也往往表现为相对应的、激烈的言语形式。

第五，准确性原则：话语者的言语必须具有充足理由，必须是"言之有物"的而不是空洞不可把握的；在大小范围、程度高低等方面必须是恰如其分的，不是故意夸张的；必须是平实明白的，不是曲折隐讳的。①

陈原②认为，"语言是没有阶级性的，如果语言只属于政治实体中某一个特定的阶级，那么将会出现这样一种情况：当这一阶级的成员同另一阶级的成员对话时，彼此都无法了解对方所说的是什么——这就不能组成一个社会。"③

语言的无阶级性特征决定了它可以为任何阶级所使用，同时也可以为任何阶级身份建构服务。但是，由于社会是有阶级性的，所以社会身份也是有阶级性的。没有阶级性的语言能够建构有阶级性的社会身份，说明语言建构功能可以为不同阶级所利用，并建构出多向的社会身份。多向性的社会身份构成了社会身份的复杂性，同时也反映出建构过程的复杂性。

建构过程的复杂性可以分为两类：正面效应和负面效应。正面效应反映出身份建构的真实性，符合社会语言行为原则中的诚意性准则，可以建立人与人之间真诚的社会关系，有利于社会的正态发展。负面效应反映为对社会语言行为原则的违背，可以破坏人与人之间的互信，造成社会的非常态发展。因此，正确发挥语言的建构功能，应该把握和控制其身份建构的向度，遵循社会语言行为原则的要求，发挥建构功能的正面效应。只有这样，才能实现语言向度上对社会身份的真实建构，建立真诚和谐的社会关系，做到有目的的缓解社会矛盾，促进社会的正态发展。正如我们中国人常说的：语言既可以"众口铄金"，又可以"积毁销骨"。

---

① 金立鑫：《关于"文革语言"的反思》，《语文建设》2000 年第 6 期。
② 见书后人物注释 23。
③ 陈原：《社会语言学》，商务印书馆，2004。

人物注释

1. Giles 用"言语顺应理论"（Speech accommodation theory）来给语码转换分类。说话人为取悦对方而对自己的语言或语体作出调整，使之与对方的语言或语体达到一致，叫做语言靠拢（convergence）；说话人有意突出与对方在言语体上的差别，选用与对方不同的语码，叫做语言偏离（divergence）。Scotton 的"标记模式"和 Giles 的"言语顺应理论"都是从动机的角度对语码转换进行分类，具有很大的相似性。

2. 拉波夫（W. Labov, 1927 - ），美国语言学家，社会语言学的代表人物之一，宾夕法尼亚大学语言学教授。1979 年任美国语言学会主席，1986 年还出任纽约语言学研究所萨丕尔教授席位。拉波夫早期师从魏茵莱希，重点研究语言与社会的关系，曾共同撰写一篇很有影响的论文《语言演变理论的经验基础》，为社会语言学、历史语言学的研究开拓了一个新方向。拉波夫主张把语言放到社会中去研究，反对索绪尔以语言、言语的区分为基础的"就语言而研究语言"的理论。这就使索绪尔以来的语言研究方向发生了重大的变化，使语言研究不再局限于语言系统内部，而是联系不同的社会因素具体考察它们如何影响语言的运转和演变，研究语言的变异，建立起一套富有特点的社会语言学的理论和方法。一大批社会语言学家形成了一个以拉波夫为学派领袖的"变异学派"。

3. 陈松岑，1932 年生，四川开县人。1958 年毕业于北京大学中文系，现任北京大学中文系教授。长期从事普通语言和社会语言学的教学与研究工作。著有《语言变异研究》、《社会语言》等。

4. 丁崇明，北京师范大学汉语文化学院教授，博士，博士生导师，主要研究领域为语言学及现代汉语。曾在《中国语文》、《方言》、《语言学论丛》、《中国方言学报》、《语言教学与研究》、《语文研究》、《语言文字应用》等刊物发表论文 50 余篇。代表作为《现代汉语语法教程》、《现代汉语语音教程》。

5. 路德维希·维特根斯坦（Ludwig Wittgenstein），香港及台湾译作维根斯坦（1889 年 4 月 26 日 – 1951 年 4 月 29 日），出生于奥地利，后入英国籍。哲学家、数理逻辑学家。语言哲学的奠基人，20 世纪最有影响的哲学家之一。维特根斯坦是语言学派（大约相当于分析哲学）的主要代表人物。他的哲学主要研究的是语言，他想揭示当人们交流时，表达自己的时候到底发生了什么。他主张哲学的本质就是语言。语言是人类思想的表达，是整个文明的基础，哲学的本质只能在语言中寻找。他消解了传统形而上学的唯一本质，为哲学找到了新的发展方向。他的主要著作《逻辑哲学论》和《哲学研究》分别代表了横贯其一生的哲学道路的两个互为对比的阶段。前者主要是解构，让哲学成为语言学问题，哲学必须直面语言，"凡是能够说的事情，都能够说清楚，而凡是不能说的事情，就应该沉默"，哲学无非是把问题讲清楚。后者又把哲学回归哲学，在解构之后是建构，创造一套严格的可以表述哲学的语言是不可能的，因为日常生活的语言是生生不息的，这是哲学的基础和源泉，所以哲学的本质应该在日常生活中解决，在"游戏"中理解游戏。

6. 陆学艺，1933 年 8 月生，江苏无锡人，北京工业大学人文社会科学学院院长，教授，博士生导师。中国社会科学院学术委员会委员，北京工业大学学术委员会委员，北京经济社会发展研究院人力资源研究中心主任，中国社会学会名誉会长，国家有突出贡献专家。研究专长是社会学理论、社会结构研究和农村发展理论研究。

7. 沈家煊（1946 –   ），著名语言学家。中国社会科学院文史哲学部委员、语言研究所前任所长（1999—2009）、中国语言学会会长、国际汉语学会会长、《中国语文》和《当代语言学》杂志主编、南开大学文学院客座教授。

8. 乔瓦尼·巴蒂斯塔·维科（Giovanni Battista Vico）或詹巴蒂斯塔·维柯（Giambattista Vico）（1668 年 6 月 23 日 – 1744 年 1 月 23 日）。意大利政治哲学家、修辞学家、历史学家和法理学家。他为古老风俗辩护，批判了现代理性主义，并以巨著《新科学》闻名于世。维科自幼勤奋好学，尤着力于在语言学、法学、历史学和哲学上的修为，毕生以追求最高智慧为生命之旨主。1725年，他出版了《新科学》的第一版，这本书的目的是要探讨人类各民族的共同性原则。在关于语言的部分，维科发现到诗的一些新原则，说明了在一切原始民族中诗歌都起于同样的自然必要。根据这些原则，维科考察了徽章、纹章、钱币和语言的起源。凭着关于思想和语言的原则，维科发展出一种理想的永恒的历史。认为一切民族从兴起、发展到鼎盛一直到衰亡，都必须经过这种理想的人类永恒历史。这一永恒历史可以分成三个阶段：神的时期、英雄时期和人的时期，它们对应的政体分别是氏族公社、贵族政体和君主独裁政体，对应的语言则分别是神的语言、象征语言和民众语言。

9. 布鲁默，Herbert Blumer（1900－1987）：美国社会学家。符号互动论的主要倡导者和定名人。1922年获密苏里大学硕士学位。1927年获芝加哥大学博士学位。1922年起在密苏里大学讲授社会学。1925年起先后在芝加哥大学、密歇根大学和夏威夷大学任社会学教授。1952~1957年在加利福尼亚大学伯克利分校任社会学系主任。1934年起担任美国普伦蒂斯·霍尔出版社《社会学丛书》主编；1941~1952年任《美国社会学杂志》主编；1955年任美国社会问题研究会主席；1956年任美国社会学协会主席；1962~1966年任国际社会学协会副主席。著名作品有《电影和品行》、《劳资关系中的社会理论》、《工业化与传统秩序》、《符号互动论：观点和方法》。布鲁默的主要观点是：（1）人类社会是由具有自我的个人组成的，人类创造并使用符号来表示周围的世界。（2）互动是个人、他人和群体之间意义理解和角色扮演的持续过程。（3）符号互动创造维持和改变社会结构。（4）社会学方法必须着重于研究人们作出情景定义和选择行动路线的过程。（5）理论应能解释互动过程，并指出一般行动和互动发生的条件。只有持续的参与观察－检验方法才适合于互动分析。

10. 加芬克尔，Harold Garfinkel（1917－2011）美国社会学家。民俗学方法论的创始人。生于新泽西州，就学于哈佛大学。1952年获哲学博士学位。1954年后，长期执教于加利福尼亚大学洛杉矶分校。加芬克尔注重对日常生活的研究，认为社会现实与迪尔凯姆所表述的社会事实的客观实在不同，它是人们相互交往的活动，是相互交往的参与者对现实的社会构造。社会事实不是社会学分析的结果，而是交往的积极创造的过程自身。此过程存在于日常生活之中。社会学家在揭示这一过程的本质特征时，除注意把握"索引式表达"外，还要利用"破坏性实验"的方法，以验证他所主张的所谓日常生活中存在的"隐含的行动准则"。加芬克尔所创造的民俗学方法论的核心，是用解释和理解的方法对常识性行动和情景过程进行说明。加芬克尔的《民俗学方法论研究》一书出版后，在西方社会学界引起了轩然大波，因此他声名鹊起。他与其追随者一道，以大量的实验研究和教学活动，使加利福尼亚大学洛杉矶分校成为民俗学方法论的中心。加芬克尔对社会互动过程的独到见解，丰富和发展了社会学的互动理论。

11. 布迪厄（Pierre Bourdieu, 1930 – 2002）是法国当代著名的社会学家，出生于法国比利牛斯。1956年应征入伍，到阿尔吉利亚为军队服务，布迪厄由此开始了他的社会学工作。1958年与1963年发表的两部著作《阿尔吉利亚的社会学》、《阿尔吉利亚的劳动与劳动者》引起知识界的关注，从而奠定了他毋庸置疑的社会学家地位。1968年至1988年任法国国家科研中心教育文化社会学中心主任，并创办了《社会科学的研究行为》。

12. 尤尔根·哈贝马斯（Jürgen Habermas, 1929年6月18日 – ），是德国当代最重要的哲学家之一。历任海德堡大学教授、法兰克福大学教授、法兰克福大学社会研究所所长以及德国马普协会生活世界研究所所长。1994年荣休。他同时也是西方马克思主义中法兰克福学派第二代的中坚人物。由于思想庞杂而深刻，体系宏大而完备，哈贝马斯被公认是"当代最有影响力的思想家"，威尔比把他称作"当代的黑格尔"和"后工业革命的最伟大的哲学家。"在西方学术界占有举足轻重的地位。

13. 伍铁平，中国当代著名语言学家，现为北京师范大学文学院退休教授。伍铁平曾任中国科学院语言研究所《国外语言学》杂志主编、国外语言学研究室主任。主要致力于语言学理论，尤其是国外语言学的研究。主要著作有：《普通语言学概要》（合编，高等教育出版社）；《语言和文化评论集》（北京语言文化大学出版社）；《汉法德俄英西文对照〈国际歌〉》（商务印书馆）；《欧仁·鲍狄埃》（合作，人民出版社）；《语言与思维关系新探》（上海教育出版社）；《语言学是一项领先的科学》（北京语言学院出版）。主要译著有：《词的语法学导论》（合译科学出版社）；《普通语言学纲要》（合译，商务印书馆）；《词典概论》（合译，商务印书馆）；《赵元任语言学论文选》（合译，中国社会科学出版社）；《人的思维和人工智能》（中国社会科学出版社）。主要论文有：《正确理解拉法格的〈革命前后的法国语言〉》；《语言词汇的地理分布》；《论汉语中的从儿称谓及有关现象》；《男性直系亲属名称的类型比较》；《从语言学的领先地位谈到它在方法论上对哲学研究的意义》；《开展中外语言学说史的比较研究》等。

14. 米歇尔·福柯（Michel Foucault, 1926年10月15日－1984年6月25日），法国哲学家和"思想系统的历史学家"。他对文学评论及其理论、哲学（尤其在法语国家中）、批评理论、历史学、科学史（尤其医学史）、批评教育学和知识社会学有很大的影响。他被认为是一个后现代主义者和后结构主义者，但也有人认为他的早期作品，尤其是《词与物》还是结构主义的。他本人对这个分类并不欣赏，他认为自己是继承了现代主义的传统。

15. 陆益龙，中国人民大学社会学教授。2000年北京大学社会学人类学所博士，2002年中国人民大学社会学博士后流动站出站，教育部人文社会科学百所重点研究基地中国人民大学社会学理论与方法研究中心副主任。中央实施马克思主义理论研究和建设工程教育部第二批重点教材编写课题组首席专家。

16. 约翰·朗肖·奥斯汀（John Langshaw Austin, 1911－1960）是牛津学派的重要代表人物。他的影响主要来自课堂上的讲课以及在一些讲座和讨论会上的讲演。奥斯汀根据他的言语行为的理论，对人们的**说话方式**重新进行了分类。他将人们的说话方式分为以下五类：（1）**判定式**（verdictives）。人们说出这类语句的目的在于根据与价值或事实有关的**证据**或理由，对某种发现作出正式的或非正式的宣布。例如宣告无罪、发现、理解、估价等。(2) 执行式（exercitives）。人们说出这类语句的目的在于对某个行动作出赞成或反对的决定，或者对这个行动进行辩护。例如任命、辩护、否决、赞成等。（3）承诺式（commissives）。人们说出这类语句的目的在于使说话者对某一行动作出承诺,承担某种义务。例如许诺、宣誓、保证、签约等。(4)行为式(behavitives)。人们说出这类语句的目的在于对别人的行为作出反应或表态。例如道歉、感谢、同情、祝贺、欢迎、祝福等。(5)阐释式(expositives)。人们说出这类语句的目的在于阐明观点、进行论证、澄清用法或指称等。例如接受、强调、确认、否认等。奥斯汀提出的言语行为理论在语言哲学的发展中具有重要意义。过去,哲学家们在研究语言问题时往往只注意到语言对事物现象的陈述或描述作用,而没有注意到语言也表现了人们的一种行为,这使得人们始终以一种狭隘的眼光来看待语言的功能或作用,将语言的功能或作用始终局限在一个不适当的范围内。奥斯汀的言语行为理论纠正了人们对语言的功能或作用的认识上的这种偏见,使得人们对于语言的作用有了更加深刻和全面的理解。奥斯汀的学说简要地说就是:说话同时也就是做事情。这种理论把语言同人的行为联系起来,这是奥斯汀在语言哲学领域中作出的独特贡献。

17. Carol Myers Scotton (1934 –) is a Distinguished Professor in the Linguistics Program and Department of English at the University of South Carolina. She has authored or coauthored over 100 articles and book chapters in linguistics, primarily in the areas of contact linguistics, sociopragmatics, bilingualism and African linguistics. Much of her attention has been spent explaining the social and cognitive aspects of code – switching and bilingualism. In addition to her numerous articles, she has also published six books, including *Contact Linguistics* (2002) and *Multiple Voices* (2006). She has received many grants and honors, including a 1983 Fulbright grant to study language use patterns in Kenya and Zimbabwe, a 1994 – 1997 National Science Foundation grant to study grammatical constraints on code switching (with Co – PI Jan Jake), and a 2004 – 2005 National Science Foundation grant to test a hypothesis about the grammatical aspects of the abruptness of language shift. Specifically, the study dealt with Xhosa – English bilinguals in Gauteng Province in South Africa around Pretoria and Johannesburg. She resided in Columbia, South Carolina until 2006, where she was Carolina Distinguished Professor at the University of South Carolina

in the Linguistics Program and Department of English. She currently resides in Michigan, where she is affiliated with the Department of Linguistics and Languages and the African Studies Center at Michigan State University.

18. 比利时语用学家维什伦（Verschueren），代表作《语用学新解》。其中提出了"综观论"的新理念，引起了学界的关注。Verschuren 将交际语境因素概括为语言交际者、心理世界、社交世界和物理世界四大类，为言语交际及其相关语境的研究提供了清晰的框架。在现实的交际中，交际双方也应依赖语境，顺应各种因素的变化和调整，完美地达到交际效果。

19. Peter Auer studied General Linguistics, German Linguistics, and Sociology as well as Psychology at the Universities of Cologne, Constance, and Manchester. From 1980 – 1989 he was a researcher and subsequently assistant professor at the department of Linguistics at the University of Constance, where he completed his dissertation (Promotion) in 1983 and post – doctoral dissertation (Habilitation) in 1988. In 1989 he was a Heisenberg Scholar and later on professor of German Linguistics at the University of Hamburg. He declined positions as a professor at the universities of Munich, Mainz and Bangor (Wales). In addition to six monographs and thirteen edited books and journal issues, he has written around 100 research articles, specializing in bilingualism, sociolinguistics, interaction analysis, dialectology, syntax of spoken language, phonology, and prosody. He has been the principal researcher of 15 externally funded research projects, co – director of the European Science Foundation Network on "Convergence and divergence of dialects in a changing Europe", organizer of various international conferences, elected referee of the German science foundation (DFG) for General Linguistics (2000 – 2008) as well as a member of the Editorial Boards of various national and international academic journals.

20. Howard Giles is a professor of psychology and linguistics at the Department of Communication, University of California, and Santa Barbara. He was the chair of the department from 1991 to 1998, and has been president of both the International Communication Association and the International Association for the Study of Language and Social Psychology. He is the founding co – editor of the

Journal of Language and Social Psychology and the Journal of Asian Pacific Communication, and was the editor of Human Communication Research from 1992 to 1995. He has received the Spearman Award and the President's Award from the British Psychological Society, and has also received the Mark L. Knapp Award from the National Communication Association. He is known for developing communication accommodation theory, and has diverse research interests in the areas of applied intergroup communication research and theory.

21. 诺曼·费尔克拉夫：是英国兰开斯特大学的语言学教授，当代西方著名的批判的话语分析学者。他在20世纪80年代初开始将研究重点放在批判的话语分析上，并陆续在兰卡斯特大学开设了"批判的话语分析"、"语言意识形态和权力"、"语言分析中的新方向"等研究生课程。除了《话语与社会变迁》以外，他还撰写、编写了《语言和权力》等著作。

22. 陈原（1918－2004），中国语言学家，编辑出版家，世界语专家。历任商务印书馆总编辑兼总经理、顾问，国家语言文字工作委员会副主任，中国社会科学院语言文字应用研究所所长，国际科学院（AIS）最高评议会委员，国家语言文字工作委员会主任。陈原曾主持并参与了中国第一次大规模的辞书出版规划的制定，并策划和领导出版了《现代汉语词典》、《汉英词典》、《辞源》等辞书，并著有多部著作。他的第一本语言著作《语言与社会生活》是在"文革"期间写的读书札记的基础上整理而成的。这本书6万余字，内容涉及比较词汇学和社会语言学的若干问题。该书还用相当的篇幅讨论由于交际的种种需要而出现的委婉语。1983年出版的《社会语言学》一书是《语言与社会生活》的续篇和发展，是有关社会语言学若干理论问题和若干实际问题的探索。社会语言学在国外虽然早已引起人们的重视并成为一门学科，但在中国还是一个空白，陈原的《社会语言学》填补了这个空白，具有拓荒的意义。作者力图用马克思主义唯物史观来研究社会语言学。在全书开始的几章，集中阐述马克思主义经典作家对语言本质的认识——语言是一种社会现象，是人类最重要的交际工具，是思想的直接现实。这三点是作者研究社会语言学的出发点。

23. 杰弗里·利奇（Geoffrey Leech, 1928），英国语言学家、哲学家、政论家。1949年获宾夕法尼亚大学文学学士学位，1951年在宾夕法尼亚大学完成硕士论文《现代希伯来语语素音位学》，1955年又在该校完成博士论文《转换分析》，获得博士学位。他创立了转换生成语法理论，这一理论不仅获得语言学界很高的评价，而且在心理学、哲学、逻辑学等方面引起人们普遍的重视。英国国家人文科学院、国家科学院院士，1984年获英国心理学会颁发的杰出科学贡献奖。他以对现代逻辑学和数学的兴趣，用类似数学公式的式子，来建立生成语法体系，并以此来描写自然语言。利奇认为，我们对语言的运用是受规则支配的。为了提供能很好表达音位规则、句法规则、语义规则的形式，他提出了著名的"转换生成语法"理论。转换生成语法将人类评议的句法能够最恰当地根据两个层次（深层结构和表层结构）来进行描述的主张符号化。在他看来，学习一种语言就是学习个别语法和普遍语法：只有人类具有这种语言获得的能力；并且所有评议的逻辑（或逻辑句法）都是一样的。杰弗里·利奇把这种逻辑结构称作"深层结构"（Deep Structure），认为它不是习得的，句子的意义主要通过语意说明规则从深层结构上得出；而人类必须学习的语言是一种表层结构，语音通过语音学上的规则从"表层结构"（Deep Structure）（语法）上得到。杰弗里·利奇的"转换生成语法"就是一个把表层结构和深层结构结合起来的系统。他认为生成能力是语言最重要的一个特点，他研究语言的时候，主要从形式上、结构上考虑问题，他认为语法应该是"一种装置（device），这种装置能产生所研究的对象语言的许多句子"。他以类似数学那样的方法，演绎的方法，把语法分析过程公式化。他确立某种句子为核心句，规定许多转换规则，有些是任选的（optional），有些是必定要进行的（obligatory），确定转换方向，如此进行转换，生成句子，并认为说话的人是这样地组织句子，听话的人也是这样去理解句子。利奇是英国当代一位有重大影响的语言学家，美国芝加哥大学、芝加哥洛约拉大学、英国伦敦大学都授予他名誉博士学位。杰弗里·利奇的学说不仅在语言学界，而且在哲学界、心理学界等很多领域也都有相当大的影响。

24. 许国璋，1915年11月25日出生于浙江省海宁市，1934年6月毕业于苏州东吴中学，同年9月入交通大学学习。1936年9月转入北平清华大学外文系。1939年9月在西南联合大学外文系毕业。他先后任教于上海交通大学、复旦大学等校。1947年12月赴英国留学，相继在伦敦大学、牛津大学攻读 17、18 世纪英国文学。1949 年 10 月回国，在北京外国语大学任教直至逝世。他历任北京外国语大学英语系主任，外国语言研究所所长，中国英语教学研究会会长，中国语言学会常务理事，北京市语言学会副会长，全国高等教育自学考试英语专业指导委员会主任，《外语教学与研究》主编，《中国大百科全书 语言文字卷》副主编等职，曾获国家教委和北京市高教哲学、社会科学优秀成果奖。许国璋先生是我国著名的英语教育家。他主编的大学《英语》教材，从 20 世纪 60 年代初开始，通行全国，历 30 多年而不衰，成为我国英语教学方面同类教材的典范。他积极倡导外语教学改革，他的一系列有关英语教育的论文和演讲对我国外语教学产生了深刻的影响。他珍惜人才，教书育人，严谨治学，培养了一代又一代的优秀人才，为我国英语教育事业的发展做出了重大的贡献。

参考文献

1. 陈松岑：《语言变异研究》，广东高等教育出版社，1999。
2. 何自然：《语用学概论》，湖南教育出版社，1988。
3. 何自然：《语用学与英语学习》，上海外语教育出版社，1997。
4. 秦秀白：《文体学概论》，湖南教育出版社，1986。
5. 束定芳：《隐喻学研究》，上海外语教育出版社，2000。
6. 王佐良：《英语文体学论文集》，外语教学与研究出版社，1980。
7. 魏在江：《广告语言变异及语用目的分析》，《西南政法大学学报》2002年第6期。
8. 谢文怡、刘云腾：《广告英语》，上海交通大学出版社，1997。
9. 徐通锵：《历史语言学》，商务印书馆，1991。
10. 叶国泉、罗康宁：《语言变异艺术》，广东教育出版社，1992。
11. 何自然、于国栋：《语码转换研究述评》，《现代外语》2001年第1期。
12. 王楚安、徐美彦：《浅析语码转换的社会心理动因》，《广东外语外贸大学学报》2005年第4期。
13. 康俊英：《有标记语码转换的社会心理探析》，《雁北师范学院学报》2005年第1期。
14. 王瑾、黄国文：《语码转换之结构研究评述》，《外国语言文学》2004年第2期。
15. 戴炜华：《言语行为和事件的跨文化研究》，《外国语》1998年第6期。
16. 高一虹：《沃尔夫假说的言外行为与言后行为》，《外语教学与研究》2000年第5期。
17. 何兆熊：《新编语用学概要》，上海外语教育出版社，1999。

18. 熊学亮：《认知语用学概论》，上海外语教育出版社，1999。
19. 朱文俊：《人类语言学论题研究》，北京语言文化大学出版社，2000。
20. 李冀宏：《英语常用修辞入门》，世界图书出版公司，2000。
21. 刘纯豹：《英语委婉语词典》，商务印书馆，2001。
22. 束定芳：《中国语用学研究论文精选》，上海外语教育出版社，2001。
23. 宗廷虎：《修辞新论》，上海教育出版社，1988。
24. 张炼强：《修辞理据探索》，首都师范大学出版社，1994。
25. 陈宗明：《逻辑与语言表达》，上海人民出版社，1984。
26. 何威、徐晨亮：《清华名流》，长江文艺出版社，2002。
27. 王培基：《修辞学专题研究》，陕西人民教育出版社，1994。
28. 沈彤：《委婉语的语用分析》，《四川外国语学报》1998年第4期。
29. 吴松初：《中英当代流行委婉语的文化比较》，《现代外语》1996年第3期。
30. 张韧：《礼貌的概念及其他》，《外语教学》1994年第1期。
31. 姚明发：《50年来语码转换理论研究的发展与反思》，《广西社会科学》2007年第3期。
32. 蒋金运：《语码转换述评》，《南华大学学报》2002年第9期。
33. 李刚：《自然语码转换研究的若干方面》，《外语教学》2001年第4期。
34. 邓炎昌、刘润清：《语言与文化》，外语教学与研究出版社，1989。
35. 胡文仲：《英美文化辞典》，外语教学与研究出版社，1995。
36. 祝畹瑾：《社会语言学概论》，湖南教育出版社，1992。
37. 秦秀白：《"英语中性别歧视现象的历史文化透视"——评介》，《现代外语》1996年第2期。
38. 宋海燕：《性别原型及其在两性言语交际能力中的反映》，《外国语》1988年第2期。
39. 张焱：《语言变异与社会身份建构》，吉林大学博士论文，2006年5月。
40. 张海洋：《中国的多元文化与中国人的认同》，民族出版社，2006。
41. 戴维·波普诺：《社会学（第十版）》，李强译，中国人民大学出版社，1999。

42. 泰弗尔：《群际行为的社会认同论》，方文、李康乐译，《社会心理研究》2004 年第 2 期。
43. 赵志裕、温静、谭俭邦：《社会认同的基本心理历程——香港回归中国的研究范例》，《社会学研究》2005 年第 5 期。
44. 王秉钦：《文化翻译学》，南开大学出版社，1995。
45. 于逢青：《论汉语颜色词的人文特性》，《东北师大学报》1999 年第 5 期。
46. 刘霞敏：《翻译中的性别差异及女性身份认同》，《外语教学》2007 年第 2 期。
47. 刘正光：《言语适应理论研究述评》，《语言文字应用》2001 年第 2 期。
48. 戴昭铭：《现代汉语合成词的内部结构与外部功能的关系》，《语文研究》1988 年第 4 期。
49. 周荐：《语素逆序的现代汉语复合词》，《思维与智慧》1991 年第 2 期。
50. 袁毓林：《论句法的强制性》，《汉语学习》1988 年第 1 期。
51. 王洪君：《"逆序定中"辨析》，《汉语学习》1999 年第 2 期。
52. 杨润陆：《由比喻造词形成的语素义》，《中国语文》2004 年第 6 期。
53. 朱德熙：《自指和转指——汉语名词化标记"的、者、所、之"的语法功能和语义功能》，《方言》1983 年第 1 期。
54. 胡剑波：《论非语言符号中的象似性》，《湖南科技大学学报（社会科学版）》2006 年第 1 期。
55. 朗文语言教学及应用语言学辞典，外语教学与研究出版社，2000，8。
56. D. J. Enright, *Fair of Speech*: *The Uses of Euphemism*. Oxford: Oxford University Press, 1985.
57. Gumperz, J. J. *Discourse Strategies*. Cambridge: Cambridge University Press, 1982.
58. Giles, H. and R. St. Clair（eds）. *Language and Social Psychology*. Oxford: Oxford University Press, 1979.
59. Hudson, R. A. *Sociolinguistics*. Cambridge: Cambridge University Press, 1996.
60. Scotton, C. M. "Code‐switching as An Indexical of Social Negotiations"

in Heller, M. (ed.) Code – switching: Anthropological and Sociolinguistic Perspectives. Berlin: Mouton de Gruyter, 1988.

61. Clyne, M. G. Constraints on Code – switching: How Universal Are They. Linguistics, 1987.

62. Auer P. "A Postscript: Code – switching And Social Identity". *Journal of Pragmatics*, 2005.

63. CLURE E. "Aspects of Code – Switching in the Discourse of Bilingual Mexican – American Children". *Languages and Linguistics*, 1997.

64. Kin Victoria. *An Introduction to Language.* New York, Holt, Rinehart and Winston, 1978.

65. Rawson, Hugh. *A Dictionary of Euphemisms and other Doubletalk.* Hugh Rawson, 1981.

66. Leech, G. *Principles of Pragmatics.* London: Longman House, 1983.

67. Chase, Stuart. *Power of Words.* London: Phoenix House LTD, 1955.

68. Harrier John H. *An Introduction to Social Psychology.* St. Louis: The C. V Mosby Company, 1981.

69. Brown, P. & Levinson, S. 1978. *Universals in Language Usage: Politeness phenomena.* In E. Goody (ed.) Questions and Politeness: Strategies in Social Interaction. Cambridge: Cambridge University Press.

70. Brown, P. 1980. "How and why are women more polite: some evidence from a Mayan community" in S. McConnel – Ginet, R. Borker & N. Furman (eds.): Women and Language in Literature and Society.

71. Brumfit, C. J. & Johnson, K. 1979. *The Communicative Approach to Language Teaching.* Oxford: Oxford University Press.

72. Chaika, E. 1989. Language: *The Social Mirror.* (2nd edition.) Newbury House.

73. Chomsky, N. 1965. *Aspects of the Theory of Syntax. Cambridge*, Mass.: The MIT Press.

74. Erving, G. 1967. *Interaction Ritual: Essays on Face – to – face Behavior.* New York: Anchor.

75. Fasold R. 1984. *The Sociolinguistics of Society*. Oxford: basil Blackwell.
76. Fasold R. 1990. *The Sociolinguistics of Language*. Blackwell.
77. Fishman J. A. 1971. "The Sociology of Language" in J. A.
78. Fishman (ed.): Advances in the Sociology of Language. Mouton: Vol. 1.
79. Grice, H. P. 1975. Logic and Conversation. In Cole, P. & Morgan, J. (eds.) Syntax and Semantics. Vol. 3: Speech Acts. New York: Academic Press.
80. Gumperz, J. 1968. "The speech community" in D. L. Sills (ed.) International Encyclopedia of the Social Sciences. Macmillan: Vol. 9.
81. Gu Yueguo, "Politeness Phenomena in Modern China". Journal of Pragmatics 14.
82. Guy, G. R. 1988. "Language and Social Class" in F. J. Newmeyer (ed.) Linguistics: The Cambridge Survey. Cambridge: Cambridge University Press. Vol. IV.
83. Hall, E. 1959. The Silent Language. New York: Doubleday.
84. Holmes, J. 1992. An Introduction to Sociolinguistics. Longman.
85. Holmes, J. 1995. Women, Men and Politeness. Longman.
86. Labov W. 1966. The Social Stratification of English in New York City. Center for Applied Linguistics.
87. Lakoff, R. 1973. The Logic of Politeness: or Minding Your P's and Q's. In Proceedings of the Ninth Regional Meeting of the Chicago Linguistic Society.
88. Leech, G. 1983. Principles of Pragmatics. London: Longman.
89. Owens, J. 1999. Uniformity and Discontinuity: Toward a Characterization of Speech Communities. Linguistics.
90. Page, R. B. & Tabouret – Leller, A. 1985. Acts of Identity. Cambridge: Cambridge University Press.
91. Phillipson, R. 1992. *Linguistic Imperialism*. Oxford: Oxford University Press.
92. Sapir, E. 1949. *Selected Writings of Edward Sapir in Language, Culture, and Personality*, Edited by David G. M. University of California Press.
93. Spolsky, B. 1989. *Conditions for Second Language Learning*. Oxford: Oxford

University Press.

94. Trugill, P. 1983. *On Dialect: Social and Geographical Perspectives*. Blackwell.

95. Whorf, B. L. 1956. Language, Thought and Reality: Selected Writings of Benjamin Lee Whorf. Edited by John B. C. Massachusetts Institute of Technology Press.

96. Wardhaugh, R. 1986. *An Introduction to Sociolinguistics*. Oxford: Basil Blackwell.

97. Wilkins, D. A. 1974. Notional Syllabuses and the Concept of a Minimum Adequate Grammar, in Corder, S. P. and Roulet, E. (eds.) Linguistic Insights. In Applied Linguistics.

98. Verschueren. *J. Understanding Pragmatics*. Arnold, 1999.

99. Andrew J. Weigert, J. Smith Teitge, Dennis W. Teitge. 1986. Society and Identity: Toward a sociological psychology. Cambridge: Cambridge University Press.

100. Hans J. Mol. 1976. Identity and the Sacred. New York: The Free Press.

101. Dominic Abrams and Michael A. Hogg (ed.). 1990. Social Identity Theory: Constructive and Critical Advances. New York: Harvester Wheat sheaf.

102. Jean-Claude Deschamps and Thierry Devos. 1998. Regarding the Relationship Between Social Identity and Personal Identity. In Stephen Worchel, J. Francisco Morales, Dario Paez and Jean-Claude Decalmps (eds). Social Identity. London: SAGE Publications.

103. Hogg, M. A. &D. Abrams. 1988, *Social Identifications: A Social Psychology of Intergroup Relations and Group Processes*. London: Routledge.

104. 104. Wierzbick A. *Semantics, Culture, and Cognition*. New York: Oxford University Press, 1992.

105. Bourhis, Richard Y. & Howard Giles. The Language of Intergroup Distinctiveness. In Howard Giles (ed.). Language, Ethnicity and Intergroup Relations. London: Academic Press, 1977.

106. Coupland, N. &H. Giles. "The Communicative contexts of Accommoda-

tion". *Language and Communication*, 1988, 3 (4).

107. Eckert, P. *Linguistic Variation as Social Practice: The Linguistic Construction of Identity in Belten High.* Oxford: Blackwell, 2000.

108. Hudson, R. A. *Socio-linguistics.* Oxford University Press, 2000.

109. Kim, Y. Y. *Becoming Intercultural: An Integrative Theory of Communication and Cross-cultural Adaptation.* Thousand Oaks. CA: Sage, 2001.

110. Meyerhof M. *Introducing Sociolinguistics. The Taylor& Francis - Library,* 2006.

111. Tabouret-Keller, A. Language and identity. In Florian Coulmas (ed.). The Handbook of Socio-linguistics. 外语教学与研究出版社, 2001.

112. Nelson Aileen Pace, 1990, Sexism in English: A 1990S Update. In Paul Eschholz, Alfred Rosa Virginia Clark, Language Awareness (pp. 277 - 288), St. Martin's Press.

113. Miller Casey and Swift Kate, 1990, One Small Step for Mankind. In Paul Eschholz Alfred Rosa &Virginia Clark, Language Awareness, St. Martin's Press.

114. Cheshire Jenny, 1984, the Relationship between Language and Sex in English. In Peter Trudgill, Applied Sociolinguistics, London: Academic Press.

115. Trudgill Peter, 1983, *Sociolinguistics: An Introduction to Language and Society*, Penguin Books.

后 记

接到我的论文入选"吉林大学哲学社会科学学术文库"的消息时，我正在北京陪伴着病床上的妻子。这对于刚刚接受开颅手术的她，还有日夜陪护着她的我来说，简直是久旱之后的一场甘霖，因此我们由衷地感谢吉林大学公共外语教育学院的刘淑范教授。刘教授作为学科专家，在材料评审过程中为了我的论文能够入选，在向与会的各位专家认真地介绍了我的论文写作情况的同时，动情地把我在北京陪爱人看病不能亲自到会向各位专家陈述出版理由的原因做了详细的说明。各位专家被刘教授的一片挚诚所感动，在充分审核了我的论文并提出修改意见之后，通过了我的材料评审。我向吉林大学各位充满人性化品位的专家致谢，向为如我一样渴望得到著作出版的人提供机会的吉林大学社科处致谢！

"问渠哪得清如许，为有源头活水来"。我的论文能够得到学校资助出版，应该归功于我的博士导师——吉林大学田毅鹏教授。在论文开题的时候，我曾经就论文的主题长时间犹豫不决。作为社会学界的学术巨擘，百忙之中的田老师每次在我到访之时都会放下手中正在做的事情，与我耐心地分析和探讨各种选题的优势和劣势，并结合社会学的各种学术方向给我提出许多宝贵的意见。我的论文最终内容定为"语言变异与社会身份建构"，并以"文革英语"为分析的举证背景，都是在田老师的多次启发下才得以成题。

要写好一篇社会科学的论文，社会调查是其中最为重要的一个环节。由于我的论文是以"文革"时期的高校英语教学为社会背景的，有关的社会调查必须在曾经经历过"文革"的人群中展开。我身边所有在"文革"期间工作和学习过的人都已经退休，且其中相当一部分已经辞世，因此要找到足够的调查对象来取得一手资料十分困难。值得庆幸的是，在亲朋好友的帮助下，我居然找到了很多经历过"文革"年代的高校教师。吉林大学退休教授杨素芬老师给我提供了意想不到的帮助——她居然还保存着"文革"时期使用过的英语教材！还有吉林大学的退休教授李秀花老师、刘勇老师等，分别为我找到了"文革"时期用过的英文的《毛主席语录》、《毛泽东选集》、"老三篇"等等。不仅如此，他们还毫无保留地回答了我准备的所有的访谈问题。我的论文中能够搜集到如此丰富的"文革"时代的各种信息，与这些老教师的帮助密切相关！

当然，一篇论文从拟题到成文，各个方面的信息和帮助必不可少。但是我要发自内心感谢的，是我的妻子——吉林大学赵丹副教授。我读博士期间孩子很小，为了完成学业，我大部分时间都住在学校的博士生宿舍。她无怨无悔地承担起了全部家庭生活的担子，除每天自己上班之外，所有时间和精力都放在照顾孩子和操持家务上。我能在读博期间发表若干篇核心刊物论文，直至最后完成博士论文并顺利毕业，都是因为她完全承担了我对家庭应尽的义务。我们从北京回来之后已经是 7 月份了，当得知学校要我 9 月份上交论文修改之后形成的书稿时，术后需要完全静养的赵丹再一次承担起了全部家务，给我修改论文、完成书稿提供了充裕的时间保证。正是因为有了我妻子的奉献和帮助，我的论文，乃至我的书稿都成功付梓。

我的研究生宋启明是一个天资聪颖、勤奋好学的学生。我在北京陪爱人看病期间接到申请资格答辩的通知，我临时电话委托他到会代我进行申请答辩。他临危受命，在匆匆浏览了我的论文之后仓促登场。他机智的回答和灵活的反应给各位评委留下了良好的印象，评审最终获得通过，宋启明功不可没。

这份书稿最后定稿时，已经是 8 月 28 日午夜了。完成一项大任务之后的欣慰使我没有一丝睡意，一种收获的满足充满了整个身心。作为一个国内知名高校的教师，我又向"学者"这个名衔迈进了一步。但是，整个写作过程中出现的一种压力依然隐隐在心头出现。当初我撰写博士论文时，在中国知网上查找与"语言变异"和"身份建构"相关的文献十分困难。当时与这两个题目有关的文章简直是凤毛麟角。可是从我博士毕业到现在仅仅两年的时间里，关于这两个方面的学术文章居然如雨后春笋般地涌现出来。我在充分利用了这些资源来丰富我的论文的同时，一种隐形的压力油然而生——有关语言变异的研究已经是日新月异了。如果我们这些已经起步的人不抓紧学习和进步，就很有可能在几年之内让后来者赶上甚至超过，那么我们今天的成果就会成为别人的牙后之慧。

鉴于此，我今天对本书稿的完成，绝不意味着我对语言变异和身份建构研究已经告一段落。它让我了解了这方面研究的新动向和新成果，让我内心产生了继续研究的催动力。吉林大学在科研方面为我们铺就了广阔的平台，只要认真努力，就会在这个平台上找到施展个人才华的所在。这本书既是一个阶段性的成果，又是一个新研究内容的起步。我会在今后的日子里，和我的研究生一起继续努力钻研，为语言变异和身份建构的研究、为语言学和社会学更好地结合发展，多做出一些自己能做的事情来。

张　焱

2012 年 8 月 28 日

图书在版编目（CIP）数据

语言变异建构社会身份/张焱著．—北京：社会科学文献出版社，2013.5
（吉林大学哲学社会科学学术文库）
ISBN 978－7－5097－4352－2

Ⅰ．①语… Ⅱ．①张… Ⅲ．①社会语言学－研究 Ⅳ．①H0

中国版本图书馆 CIP 数据核字（2013）第 041057 号

·吉林大学哲学社会科学学术文库·
语言变异建构社会身份

著　　者 / 张　焱

出 版 人 / 谢寿光
出 版 者 / 社会科学文献出版社
地　　址 / 北京市西城区北三环中路甲 29 号院 3 号楼华龙大厦
邮政编码 / 100029

责任部门 / 经济与管理出版中心（010）59367226　　责任编辑 / 高　雁　刘丽娜
电子信箱 / caijingbu@ssap.cn　　　　　　　　　　责任校对 / 李向荣
项目统筹 / 恽　薇　林　尧　　　　　　　　　　　责任印制 / 岳　阳
经　　销 / 社会科学文献出版社市场营销中心（010）59367081　59367089
读者服务 / 读者服务中心（010）59367028

印　　装 / 北京鹏润伟业印刷有限公司
开　　本 / 787mm×1092mm　1/16　　　　　　　　印　张 / 14
版　　次 / 2013 年 5 月第 1 版　　　　　　　　　　字　数 / 219 千字
印　　次 / 2013 年 5 月第 1 次印刷
书　　号 / ISBN 978－7－5097－4352－2
定　　价 / 49.00 元

本书如有破损、缺页、装订错误，请与本社读者服务中心联系更换
▲ 版权所有　翻印必究